Dramas da obsessão

Yvonne A. Pereira

Dramas da obsessão

Pelo Espírito
Bezerra de Menezes

Copyright © 1963 *by*
FEDERAÇÃO ESPÍRITA BRASILEIRA – FEB

11ª edição – 12ª impressão – 600 exemplares – 12/2024

ISBN 978-85-7328-701-1

Todos os direitos reservados. Nenhuma parte desta publicação pode ser reproduzida, armazenada ou transmitida, total ou parcialmente, por quaisquer métodos ou processos, sem autorização do detentor do *copyright*.

FEDERAÇÃO ESPÍRITA BRASILEIRA – FEB
SGAN 603 – Conjunto F – Avenida L2 Norte
70830-106 – Brasília (DF) – Brasil
www.febeditora.com.br
editorial@febnet.org.br
+55 61 2101 6161

Pedidos de livros à FEB
Comercial
Tel.: (61) 2101 6161 – comercial@febnet.org.br

Adquirindo esta obra, você está colaborando com as ações de assistência e promoção social da FEB e com o Movimento Espírita na divulgação do Evangelho de Jesus à luz do Espiritismo.

MISTO
Papel | Apoiando o manejo florestal responsável
FSC
www.fsc.org
FSC® C112836

Dados Internacionais de Catalogação na Publicação (CIP)
(Federação Espírita Brasileira – Biblioteca de Obras Raras)

M543d	Menezes, Bezerra de (Espírito)
	Dramas da obsessão / pelo Espírito Bezerra de Menezes; [psicografado por] Yvonne do Amaral Pereira. – 11. ed. – 12. imp. – Brasília: FEB, 2024.
	244 p.; 23 cm – (Coleção Yvonne A. Pereira)
	ISBN 978-85-7328-701-1
	1. Romance espírita. 2. Espiritismo. 3. Obras psicografadas I. Pereira, Yvonne do Amaral, 1900–1984. II. Federação Espírita Brasileira. III. Título. IV. Coleção.
	CDD 133.93
	CDU 133.7
	CDE 80.02.00

Sumário

Advertência   7

Leonel e os judeus

Primeira Parte
Nos serviços do Consolador

Capítulo 1   11
Capítulo 2   15
Capítulo 3   21
Capítulo 4   25
Capítulo 5   29
Capítulo 6   35
Capítulo 7   39
Capítulo 8   47
Capítulo 9   57

Segunda Parte
O Passado

Capítulo 1   65
Capítulo 2   71

Capítulo 3	77
Capítulo 4	85
Capítulo 5	91
Capítulo 6	103
Capítulo 7	107
Capítulo 8	111
Capítulo 9	123
Capítulo 10	127
Capítulo 11	131
Capítulo 12	137
Capítulo 13	147

Terceira Parte
Conclusão

Capítulo 1	155
Capítulo 2	159
Capítulo 3	165

A severidade da Lei

Capítulo 1	175
Capítulo 2	179
Capítulo 3	185
Capítulo 4	191
Capítulo 5	195
Capítulo 6	199
Capítulo 7	205
Capítulo 8	211
Capítulo 9	217
Capítulo 10	219
Capítulo 11	225
Capítulo 12	229
Capítulo 13	235

Advertência

Aos médiuns em geral dedico estas páginas, que um sagrado sentimento de dever me vem perseverantemente inspirando, em uma época em que as mais graves responsabilidades pesam sobre os seus ombros. Dirijo-me, porém, particularmente, àqueles que, possuindo faculdades mediúnicas, desejem torná-las em verdadeiro traço de união entre os mundos objetivo e invisível, os quais se completam e interpenetram, não obstante se comprazerem os homens no alheamento dessa amplitude em que se agitam; aos que desejarem convertê-las em possibilidades de instrução e fraterno auxílio àqueles que sofrem e choram na desesperança do alívio terreno.

Sabido é, entre espíritas fiéis aos seus princípios, que todos os homens são médiuns, ou, pelo menos, possuem a possibilidade de se deixarem influenciar pelas individualidades invisíveis, sejam estas esclarecidas, medíocres ou inferiores. Todavia, sabido será também que mais depressa a individualidade humana se permitirá envolver-se com as últimas que com as primeiras. Os múltiplos casos e gêneros diversos de obsessão, esse flagelo que assola os planetas onde grandes criminosos, grandes culpados e viciosos reencarnam, aglomerados para os devidos resgates do passado e consequente progresso; os complexos dos noticiários macabros, nos quais avultam todas as modalidades da delinquência e do insulto à harmonia da sociedade, do crime e da desesperança sem tréguas, muitas vezes tiveram origem na influência de seres invisíveis sobre os portes mediúnicos ignorados ou rejeitados, do delinquente, pois não esqueceremos que se trata de forças tão naturais na espécie humana como qualquer outro dos cinco sentidos que integram a mesma personalidade humana.

A presente tese será capaz de oferecer ao observador estudos interessantes, visto aqueles fatos serem inseparáveis da vida diária da maioria das personalidades de que se compõe a sociedade terrena.

Estudemos, pois, alguns dos variados aspectos do fenômeno mediúnico ligado à obsessão, em fraterno convívio de nossas mentes, durante o decorrer das presentes páginas.

ADOLFO BEZERRA DE MENEZES
Rio de Janeiro (RJ), 14 de março de 1964.

Leonel e os judeus

Primeira Parte

Nos serviços do Consolador

O Espírito mau espera que o outro, a quem ele quer mal, esteja preso ao seu corpo e, assim, menos livre, para mais facilmente o atormentar, ferir nos seus interesses ou nas suas mais caras afeições.

(Allan Kardec – *O evangelho segundo o espiritismo*, Cap. 10, item 6.)

1

Acerca desse sexto sentido que toda a Humanidade possui, a despeito de a maioria dos homens ignorar que o possui, uma vez que se desconhecem estes a si próprios, relatarei um fato que ficará como exemplo, ou padrão, para quantos análogos o leitor encontrar nos noticiários macabros da imprensa mundial, como da imprensa brasileira em particular, visto que, ao que se observa, os portes mediúnicos são ainda mais vastos no Brasil do que em outros agrupamentos terrenos, mais suscetível o seu povo, portanto, por mais apaixonado e vibrátil, de se deixar influenciar pelo Invisível.

Será esse dom entre a grande massa dos brasileiros, porém, um defeito? Será uma qualidade?

Diremos tão somente, furtando-nos a uma apreciação precipitada, que apenas se trata de um *dom natural*, e que ao seu portador cumpre não torná-lo causa de dissabores ou prejuízos para si ou para os outros, sem avançarmos na assertiva de que seja uma felicidade ou uma desdita o fato de possuí-lo.

A nós, no entanto, os trabalhadores do plano espiritual, cumpre o dever de esclarecer o leigo, como o espírita, de que a dita propriedade deverá ser cultivada sob princípios honestos e rigorosos, a fim de que não venha a se tornar motivo de desordem na boa harmonia íntima ou social do seu portador.

Um homem poderá possuir, por exemplo, dons literários, o que é sempre admirável, enobrecedor. Na hipótese de não os cultivar honestamente, dirigindo-os sob princípios consagrados de Arte, Moral e Beleza, poderá desvirtuá-los e até servir com eles à deseducação dos leitores, contribuindo para o rebaixamento mental, moral e intelectual dos mesmos se, em vez de obras excelentes, passar a produzir literatura amoral, frívola, perniciosa ou gramaticalmente bastarda, enquanto a si mesmo se degradará, tornando-se indigno deles.

A palavra, vibração divina do pensamento, a qual, por sua vez, será a essência do próprio Ser Supremo refletida na sua criatura, foi concedida ao homem pelas Leis Eternas da Natureza, para facilitação do seu progresso e engrandecimento, recurso precioso com que alindará a própria personalidade, para atingir finalidades gloriosas. Não obstante, há Espíritos que reencarnam padecendo a penalidade da mudez, porque dela se serviram, no passado, para intrigas e calúnias, blasfêmias e insultos, discursando impropriamente, ainda, diante de assembleias numerosas, para incentivarem o erro e o crime, a hostilidade e a revolta, a inquietação coletiva e o assassínio nas guerras e até mesmo o desrespeito à ideia de Deus!

De forma idêntica será o sexto sentido de que tratamos, isto é, a intuição, ou a mediunidade em geral: é um dom, eis tudo! Concedido pela Criação para a edificação, o progresso e a felicidade do seu portador, passível de progredir em possibilidades por meio do exercício, do tempo e das reencarnações, algo mais delicado, profundo e superior que os demais sentidos e que necessitará ser devidamente amado, respeitado e cultivado dentro dos postulados da Moral, da Justiça, do Amor e da Fé, a fim de que não se anule, como se anularia a visão de uma criatura que desde o nascimento vivesse às escuras, e se não resvale ao choque das impurezas humanas. Isso mesmo já vo-lo expôs com clareza absoluta o Instrutor por excelência da Terceira Revelação, encarnado na prudência e na austeridade de Allan Kardec. Todavia, porque vimos decifrando certa inércia mental entre os aprendizes atuais da mesma Revelação, eis-nos aderindo a um movimento de reexplicações daquilo mesmo que há um século foi dito e que agora procuraremos algo *encenar* ou *romantizar*, a fim de divertir uma geração quando tentamos instruí-la no melindroso assunto, geração que não dispensa a positivação dos exemplos. Aliás, o exemplo será, efetivamente, o melhor método... e gostamos de aplicá-lo sempre que no-lo permita o ensejo, por mais fácil reter o aprendiz, na memória, o ensinamento necessário, por meio dele. Há dois mil anos, o Mestre da seara em que militamos criou a suavidade das parábolas, cujos atraentes rumores ainda ecoam em nossa sensibilidade, ensinando-nos lições inesquecíveis. Seus obreiros do momento criam, ou traduzem da realidade da vida cotidiana, tal qual Ele o fez, a exemplificação dos *romances*, ou lições *romantizadas*, expondo teses urgentes, ensinamentos indispensáveis, no sabor de uma narrativa da vida comum. É o mesmo método de há dois mil anos, criado pelo Divino Mestre, para instrução urgente e fácil das massas...

Assim sendo, o caso que vos contarei em seguida é perfeitamente verdadeiro, e não uma ficção. Corrobora ele a assertiva de que a mediunidade é dom natural que convirá ao seu portador não ignorar que a possui, mas sim estudá-la, aceitá-la, cultivá-la, educá-la em princípios sérios a fim de se eximir a perigos fatais.

A personagem, aqui figurada com o nome de *Leonel*, possuía dons mediúnicos. Tratando-se, porém, de um livre-pensador, cujo orgulho repudiava qualquer tendência para as questões metafísicas, e que ao Espiritismo preferia ridicularizar em um combate chistoso e desprezível, ignorava-se a si mesmo, desconhecendo, voluntariamente, que em sua própria natureza humana carregava a possibilidade de se deixar influenciar e dirigir pelos habitantes do mundo invisível, cuja existência absolutamente não admitia.

Assim sendo, passemos à sua atormentada história ao lado dos seus perseguidores judeus do plano invisível.

2

Pelo terceiro decênio deste século XX, eu atendia ao honroso mister de conselheiro e médico espiritual em certo Posto de Assistência aos Necessitados, para receituário e beneficências físicas, morais e espirituais, anexo a um Grêmio de aprendizes espíritas dedicadíssimos aos deveres abraçados perante o Evangelho, os quais se devotavam aos serviços de socorro ao próximo, inspirados em um sentimento de fraternidade verdadeiramente encantador, e cuja singeleza de caráter, atingindo as raias da humildade cristã, para eles atraía as simpatias do Além esclarecido e virtuoso.

Os serviços em geral, verificados nesse núcleo, programados pelo venerando Espírito Bittencourt Sampaio, por intermédio de um médium explícito e positivo, eram diários e muito eficientes, o que sobremodo nos satisfazia por nos permitir ensejos variados na difusão e prática dos serviços do Consolador.

Era meu assistente, por esse tempo, uma entidade em aprendizado, atualmente reencarnada, generosa e dedicada, que adotara o prenome de Roberto, conquanto essa não fosse realmente a sua identidade, além de outros que não precisaremos nomear.

Certa noite, após o receituário, deteve-se o médium, responsável pelo gabinete em que se processava o melindroso mandato, na súplica ardorosa para visitação espiritual a um ambiente doméstico atacado de singulares manifestações de provação, intensas e dolorosas. Uma carta chegara do sul do país às mãos do médium, enviada pela caridosa gentileza de um familiar do mesmo instrumento, solicitando seus préstimos de intermediário entre os poderes invisíveis e a Terra para alívio de criaturas que se debatiam contra torrentes de desesperações positivamente irremediáveis por outra forma. Leu-a o médium para mim, por entre as irradiações da prece caritativa... e eu, captando o assunto por meio de suas vibrações, decalquei-a em minha mente desde então, arquivando-a de molde a me permitir hoje reerguê-la dos escombros mentais, a fim de transcrevê-la neste momento. Particularizava-se a missiva pela exposição seguinte:

"Rogo algo tentares, como espírita que és, em benefício da família do nosso amigo Leonel. Passam-se fatos verdadeiramente desorientadores, deixando perplexos os amigos da casa. Desde a morte do pobre Leonel, verificada, como sabes, por um suicídio em tão trágicas condições, a família inteira sente ímpetos para o suicídio. Não ignoras que sua filha Alcina suicidou-se também, dez meses depois dele próprio. Agora é seu filho Orlando que deseja morrer, havendo já tentado algumas vezes o ato terrível! Vivem todos a chorar desesperados, sem ânimo para a continuação da existência. Somente a viúva de Leonel consegue algo de estimulante para se impor à situação, que é a mais anormal possível. A miséria lhes bate à porta, pois nada possuem e ninguém, senão ela, trabalha. Finalmente, peço-te que rogues a Deus por eles, já que cultivas a fé em teu coração, porquanto a Terra é impotente para deter a avalanche de desgraças que sobre essa pobre gente se arremessou."

Ora, minutos antes de iniciado o meu expediente no referido Centro, fora eu prevenido de que essa carta havia sido escrita ao meu médium e, portanto, recebi-a sem surpresa, por meio deste. Procurara-me uma entidade espiritual denominada *Ester*, formosa e redimida, cujo aspecto angelical atraía veneração de quantos se lhe aproximassem, a qual me asseverara haver inspirado a carta a quem a escreveu, assim provocando o trabalho que faríamos, visto estar ligada aos obsessores de Leonel e a este próprio por laços espirituais seculares, e que, agora, apresentara-se o momento oportuno de agir em socorro da falange litigante. Rogava, por isso, nosso concurso, uma vez que não poderia operar sozinha, e ainda porque os serviços de além-túmulo são produtos de equipe e jamais de um trabalhador isolado.

Ambos os apelos – o de Ester e o da carta – eram impressionantes e impossível seria não atendê-los, tentando algo em benefício dos sofredores. Os serviços ficaram, assim, sob meu critério, dadas as minhas atividades naquele núcleo espírita, muito embora fraterno concurso alheio me coadjuvasse. Submeti o aparelho mediúnico à letargia branda do transe, mantendo-o a mim ligado pela troca das vibrações necessárias à comunicação que se processava; arregimentei os assistentes espirituais auxiliares, de plantão no Centro naquela noite, e partimos para o endereço apontado, em inspeção indispensável. Impossível, porém, nos fora ali penetrar pelos meios comuns, tal a densidade vibratória asfixiante do recinto, o clima obsessor que expandia malefícios em derredor do lar sinistrado pela onda de tragédia que a ele se adaptava. Eu levara, no entanto, em nossa comitiva, um indígena brasileiro da raça Tamoio, Espírito hábil, honesto e obediente, que voluntariamente se associara à nossa falange, desejando servir ao Bem, e mais o nosso assistente Roberto, a quem eu muito amava e em quem confiava plenamente. Ambos ali penetraram, sacrificando a própria harmonia vibratória, a fim de se inteirarem minuciosamente do que realmente se passava.

Retornaram logo após ao Posto Mediúnico de onde haviam partido chocados e ansiosos. E Roberto, que chefiava a expedição, tomou a palavra (transmitiu as irradiações mentais), desincumbindo-se do noticiário sobre o reconhecimento efetuado:

— Trata-se de um caso de obsessão coletiva simples, meu caro irmão..., carente de intervenção imediata de socorro espiritual, a fim de que se evitem outros suicídios na família... São quase todos os membros dessa numerosa família, constituída do velho casal e dez filhos menores, portadores de faculdades mediúnicas ignoradas... Não cultivam o estudo edificante para o saneamento mental, nem a meditação sobre assuntos elevados do espírito, e tampouco a prece..., tornando-se, por isso mesmo, campo raso para os assédios das trevas..., pois que também não alimentam sentimentos religiosos de qualquer espécie, apenas afetando um interesse convencional pela crença católica romana...

— Dizes, pois, meu caro Roberto – intervim, procurando inteirar-me dos detalhes a fim de melhor estabelecer o programa de operações beneficentes –, ter havido, com efeito, mais de um suicídio no seio dessa pobre família?...

— Sim! Inteirei-me de que o chefe da mesma família, de nome Leonel, pôs termo à existência terrena, desfechando um tiro de revólver no ouvido direito, e que sua filha primogênita, jovem de 20 primaveras, lhe imitou o gesto alguns meses depois, servindo-se, porém, de um tóxico violento... Inteirei-me ainda de que outro filho seu, de 15 anos, tentou igualmente o sinistro ato, salvando-se, no entanto, graças à ação prestimosa de amigos agilíssimos, que evitaram fosse ele colhido por um trem de ferro, pois o tresloucado lançou-se aos trilhos, enfrentando o comboio, que se aproximava...

— E como te inteiraste de que se trata de ação obsessora simples, sobre médiuns que ignoram estar sob influências maleficentes da sugestão extraterrena, visto que vivem alheios aos fenômenos e às observações espíritas?...

— Vimos ambos os suicidas ainda retidos no próprio teatro dos acontecimentos: Leonel, vagando, desolado e sofredor, a bradar por socorros médicos, traindo nas próprias repercussões vibratórias o gênero da morte escolhida sob pressões invisíveis... e Alcina, a filha, com o perispírito ainda em colapso, desmaiada sob o choque violento do ato praticado... Distinguimos também os obsessores...

— E como se apresentam estes?... Odientos, vingativos?... Sofredores, que destilam o vírus mental e vibratório contundente, sem saberem o que fazem?... Afeiçoados às vítimas por simples afinidades de caráter, ou índole?... Pois sabemos que até mesmo um sentimento de amor – ou paixão – mal orientado ocasionará desastres como esses...

— Não, senhor! – explicou vivamente o dedicado Assistente. – Trata-se de algo ainda mais doloroso! São ódios, vinganças pessoais de um passado que se me afigura intensamente dramático! Os obsessores pertencem às falanges do antigo Judaísmo! Ainda conservam nas irradiações mentais, refletindo sobre a sensibilidade do perispírito, as sombras, as imagens, mui concretizadas, da indumentária usada pelos judeus de Portugal, no século XVI... Eu também vivi nessa época, meu caro irmão, na Espanha como em Portugal..., pertenci igualmente ao Judaísmo... e fácil me foi compreender o amargor da situação que acabo de presenciar...

Compreendi, efetivamente, ser gravíssima a situação de encarnados e desencarnados enleados em tão incomodativas teias, situação que bradaria por intervenção enérgica e imediata.

3

No Além existem regras de trabalho admiravelmente estabelecidas, equivalentes a leis, mediante as quais os trabalhadores do Bem poderão tomar as providências que a sua responsabilidade, ou competência, entenderem devidas e necessárias. Geralmente aplicam-nas, as providências, Espíritos investidos de autoridade, espécie de chefes de departamento ou de seção, tal como os entendem os homens, sem que para tanto sejam necessários entendimentos prévios com outras autoridades superiores, ou seja, o regime da burocracia, de que os homens tanto abusam nas suas indecisões, e o qual é desconhecido no Espaço. De outro modo, encontrando-se os referidos serviços do Invisível sob a jurisprudência da fraternidade universal, quaisquer servidores estarão em condições de resolver os problemas que se apresentam no seu roteiro, desde que para tanto investidos se encontrem daquela autoridade que, no Além, absolutamente não é o cargo que confere, mas o equilíbrio consciencial e moral de que disponham.

Tendo a meu cargo um desses setores de serviço que, pela magnanimidade do Senhor e Mestre, me fora confiado como estímulo e bendito ensejo para os labores de que me adviria o progresso pessoal, do qual tanto carece o meu Espírito, não vacilei nas medidas a tomar, visando a evitar novo caso de suicídio naquela família, desgraça que, por meio do impressionante relatório do meu jovem Assistente, pressenti iminente no referido domicílio..., porquanto, além dos inimigos obsessores, sombrios e odiosos desde quatro séculos, existia ainda a permanência dos dois suicidas citados, cuja pressão magnética inferior, corrosiva, por si só seria passível de contágio mental nos demais afins, levando-os, sem mesmo disso se aperceberem, a imitar-lhes o gesto.

O suicídio não é uma lei, não sendo, por isso mesmo, imposto a quem quer que seja pela harmoniosa legislação divina, como o seriam, por exemplo, o resgate e a reparação da prática de um ato mau ou a morte natural do corpo físico terreno. Contrariamente, ele é ato reprovável pela mesma legislação, da inteira responsabilidade de quem o pratica. E crede, meus amigos, conquanto o coeficiente dos suicídios no vosso planeta se apresente calamitoso, os obreiros do mundo invisível tudo tentam para dele desviarem os homens, fazendo-o com muito enternecida boa vontade! Cumpre, no entanto, a estes cooperarem com aqueles a fim de que tão complexo malefício, atestado deplorável da inferioridade humana, seja definitivamente banido da sociedade terrena.

* * *

Voltei as atenções para o médium que solicitara assistência para o momentoso fato, e aconselhei psicograficamente:

"Reuni vossos companheiros mais afins para uma sessão íntima, amanhã, *extraordinária, especial*, para tratarmos desse caso. O menor número de adeptos possível, e absolutamente nenhuma assistência, senão apenas o presidente e os seus médiuns. Não prescindiremos da vossa colaboração fraterna. Meditai e orai, a fim de vos equilibrardes em harmonizações com as forças benfazejas do Alto, pois estareis exercendo a Fraternidade no que de mais sublime e real ela encerra, visto que conjugareis esforços na prática de operações transcendentais, cujo instrutor maior é o próprio Mestre da Humanidade, o Senhor Jesus Cristo!"

Eu sabia que aqueles singelos, mas dedicados aprendizes, acatariam fielmente as minhas recomendações, portando-se à altura da confiança que neles depositávamos, e despreocupei-me dessa particularidade, certo de que – ambiente doutrinário, faculdades mediúnicas a contento, amor ao trabalho, boa vontade em servir ao Bem servindo ao sofredor, circunspecção nos atos – todos os dispositivos, necessários aos grandes feitos espíritas, encontraríamos nas personalidades daquele punhado de discípulos cujos labores se verificavam continuamente sob rigorosa vigilância espiritual. Encerrei, portanto, minhas atividades no referido Centro, por aquela noite, e observei a Roberto:

— Perseverai, tu e Peri, por afastardes do cenário familiar de Leonel o chefe dos obsessores em primeiro lugar – pois certo estava eu de que a obsessão coletiva, exercendo ação múltipla, dispõe sempre de um orientador, que será o mais inteligente ou cruel dentre os obsessores, com ascendência irresistível sobre os demais. – Detende-o, aprisionando-o até novas instruções, no recinto deste mesmo Centro, cuja ambiência respeitável, legitimamente apropriada para o caso, se acha em condições de hospedá-lo...

Em seguida, indiquei providências para a remoção de Leonel e sua filha do ambiente doméstico para regiões condizentes com suas afinidades, a bem da tranquilidade dos demais membros da família e, outrossim, visando à recuperação de ambos para o estado consciente do Espírito desencarnado.

Prontificou-se o meu Assistente ao mandato espinhoso e partiu acompanhado do amigo Peri. Tais operosidades, no entanto, são melindrosas e de difícil realização, para os Espíritos delas incumbidos, tal a catequese aos malfeitores terrenos por missionários cujas armas serão apenas a fé na vitória do Bem e a certeza do auxílio celeste, e cujas insígnias serão a lembrança do sacrifício, na cruz, do Cordeiro de Deus.

4

Geralmente, a caça a obsessores mui trevosos é levada a efeito por entidades espirituais pouco evolvidas, conquanto já regeneradas pela dor dos remorsos e pela experiência dos resgates, ansiosas pela obtenção de ações meritórias com que adornem a própria consciência, ainda tarjada pela repercussão dos deméritos passados.[1] Efetuam-na, porém, invariavelmente, sob direção de entidades instrutoras mais elevadas, subordinadas todas a leis rígidas, invariáveis, as quais serão irrestritamente observadas. Essas leis são, como bem se perceberá, as normas divinas do Amor, da Fraternidade e da Caridade, que obrigarão os obreiros em ação às mais patéticas e desvanecedoras atitudes de renúncia e abnegação, a fim de que não deixem jamais de aplicá-las, sejam quais forem as circunstâncias. Muitos desses operadores possuem método próprio de agir e os instrutores responsáveis pelo trabalho deixam-nos à vontade dentro do critério das leis vigentes, tal como a equipe de professores que ensinassem letras, ciências etc., mantendo cada um o seu próprio método, embora observando todas as leis da pedagogia ou do critério particular de cada matéria.

O meu jovem assistente era entidade amável e humanitária, que fora médico abnegado em sua última peregrinação terrena, e portadora de fina educação social, visto que pertencera a uma estirpe de

---

[1] N.E.: Os médiuns bastante dedicados à Causa, e cujas experimentadas forças morais e psíquicas lograrem possibilidades, igualmente prestam tais serviços, durante o sono noturno, que os instrutores espirituais tratam de aprofundar quanto possível.

nobres europeus. Como Espírito não se especializara propriamente em casos de obsessão. Especializara-se, todavia, em casos pertinentes ao suicídio, como resgate, ou reparação, de um passado em que igualmente se arrojara a tão nefasto abismo, razão pela qual o víamos agora envolvido no caso de Leonel. De outro modo, tão amorável e atraente se mostrava essa entidade, tão cativante a sua simpatia pessoal que frequentemente eram requisitados os seus serviços, pelos tutelares do Invisível, para missões de catequese entre Espíritos em geral e também entre obsessores, os quais mais ou menos o acatavam, dispondo-se às suas advertências conselheiras. Todavia, nem sempre a irradiante bondade desse jovem seria suficiente para deter os arremessos do ódio obsessor. Necessárias se tornariam, por vezes, medidas outras, incompatíveis com a doçura do seu caráter. Então dispúnhamos de individualidades da categoria de Peri, a qual, bondosa e incapaz de arbitrariedades, exercia a energia militar sempre que necessário – como antigo chefe de hordas guerreiras da Arábia, que fora em existência remota e, mais tarde, como cacique da tribo dos Tamoios.[2] Acresce a circunstância de que as entidades obsessoras tão materializadas permanecem dentro da própria inferioridade de princípios, tão vinculadas ao mal se deixam ficar que, a fim de servi-las, auxiliando-as a se deterem no declive em que resvalam, nos obrigaremos a desempenhos assistenciais igualmente materializados, assaz grosseiros para um Espírito. Tratar com tais vultos será como tratar com homens rudes, inferiores de caráter, embaraçados no apoucamento das paixões e dos preconceitos.

Peri era especializado em tarefas tais e possuía métodos particulares, os quais aplicava com eficiência, sempre que necessário. Trazia às suas ordens pequeno pelotão de auxiliares, que, obedecendo-lhe fielmente, tais os milicianos ao seu general, junto dele desempenhavam

---

[2] N.E.: O nome *Peri* encobre individualidade espiritual indígena, que não desejamos identificar, já reencarnada. Sua existência nas matas brasileiras traduz estágio de repouso e esconderijo, necessária para se furtar às continuadas perseguições obsessoras que, como antigo chefe de tribos árabes guerreiras, adquirira com as atrocidades praticadas. Não seria, portanto, Espírito primitivo, como também acontecia com muitos outros índios brasileiros e escravos africanos no Brasil.

Dramas da obsessão

concurso valioso de proteção ao próximo, enquanto, assim agindo em defesa dos mais fracos, reparavam deslizes graves de um passado reencarnatório remoto, como explicamos para trás.

Dadas que foram ao meu assistente recomendações convenientes, retirei-me para a Espiritualidade, a fim de melhor me orientar sobre as atitudes a tentar em benefício das personagens desse drama que se me afigurava profundo.

5

Os métodos para a catequese de obsessores são variados, dependendo de circunstâncias especiais, que se subdividem entre a natureza do caráter de cada um, a especialidade do catequista e múltiplas modalidades do momento. A própria reencarnação é um dos recursos aplicados, pois existem obsessores tolhidos em uma reencarnação para a experiência da catequese, quando, então, todas as facilidades para um aprendizado eficaz das Leis do Amor e da Fraternidade lhes serão apresentadas. Muitos, só mais tarde, em encarnações posteriores, estarão em fase de reparações e resgates. Fora necessário, primeiramente, conceder a esses infelizes trânsfugas do dever possibilidades de sofrer, posteriormente, a consequência dos seus atos maus, amparados pela resignação, pela esperança e o desejo de emenda, a fim de que o seu calvário não se tornasse demasiadamente angustioso e, portanto, contraproducente... pois assim rezam as Leis do Amor e da Caridade, a que tais trabalhos se subordinam. Trata-se, como vemos, de tarefas penosas, complexas, que requerem firmeza de vontade, coragem moral e muito amor à causa por parte da entidade instrutora operante, seja desencarnada ou encarnada.

As Leis da Fraternidade, pelas quais se conduzem os obreiros do mundo espiritual, estabelecem assistência incansável ao obsessor, no intuito de convencê-lo à reforma de si mesmo. Jamais o violentam, porém, a essa meritória atitude, quando o compreendem ainda não preparado pela ação fecunda dos remorsos. Existem obsessões baseadas no ódio e no desejo irrefreável de vinganças, insolúveis em uma só etapa reencarnatória, as quais serão incomodativas, desesperadoras, podendo levar séculos exercendo o seu jugo sobre a vítima, estendendo-o mesmo à vida no Invisível e invertendo o domínio da possessão em existências subsequentes, até que os sofrimentos excessivos, provenientes de tão ardentes lutas, bem assim a reflexão e o desejo de emenda, obriguem os litigantes à renúncia do passado pela abnegação do porvir, o que os fará reencarnar unidos pelos laços de parentesco muito próximo – constantemente como irmãos consanguíneos e até como pais e filhos, e mesmo cônjuges – a fim de que mutuamente se perdoem e se habituem a um convívio pessoal, a uma junção familiar persistente, que, conquanto se apresente como provação, e não raro como expiação, acaba por estabelecer vínculos de afetividade, indestrutíveis em suas almas, desaparecidas, então, completamente, as antigas animosidades. Existem, outrossim, as paradoxais obsessões por amor. Exercem estas, algumas vezes, perseguições igualmente seculares, quando uma das duas partes interessadas perjurou, falindo nos deveres de fidelidade. Tão cruéis e execráveis se apresentam esses tipos de obsessão por amor ferido e despeitado, quanto o são os motivados pelo ódio, e então grandes dramas, dignos de estudo e comentários, se verificam nas sociedades terrena e espiritual, por meio de situações agitadas, infelizes, que somente o amor de Deus suavizará. E até obsessões sexuais, quando o atuante invisível, que tanto poderá ser um Espírito denominado "masculino" como um denominado "feminino", dominar um homem como uma mulher – valendo-se das tendências dos caracteres inclinados aos arrastamentos primitivos, às complexidades do sexo –, induzi-la-á a quedas deploráveis perante si mesma, o próximo e a sociedade, tais como o adultério, a prostituição, a desonra irreparável, pelo simples prazer de, pelas vibrações materializadas da sua presa, que lhe concede clima vibratório propício, dar livre curso a apetites inferiores dos quais abusou no estado humano e os quais, degradantemente, conserva como desencarnado, em vista da inferioridade de princípios que gostosamente retém consigo, o que lhe estimula a mente, inibindo-a do desejo de progresso e iluminação espiritual. Geralmente exercida tão só por intermédio da telepatia ou da sugestão mental, é bem certo que

Dramas da obsessão

o obsessor estabelece uma oculta infiltração vibratória perniciosa, sobre o sistema nervoso do obsidiado, contaminando-lhe a mente, o perispírito, os pensamentos, até o completo domínio das ações. Tais casos se apresentam dificilmente curáveis, não somente por aprazerem às vítimas conservá-los, como por ser ignorada de todos essa mesma infiltração estranha, e mais particularmente porque o tratamento seria antes moral, com a reeducação mental do enfermo por meio de princípios elevados, que lhe faltaram, não raro, desde a infância.

Refutará o leitor, lembrando que, assim sendo, ninguém terá responsabilidades nos erros que sob tais influências cometer.

Acrescentaremos que a responsabilidade permanecerá também com o próprio obsidiado, visto que não só não houve a verdadeira alteração mental como também nenhum homem ou mulher jamais será influenciado ou obsidiado por entidades dessa categoria, se a estas não oferecer campo mental propício à penetração do mal, pois a obsessão, de qualquer natureza, nada mais é que duas forças simpáticas que se chocam e se conjugam em uma permuta de afinidades.

Prosseguindo, lembraremos ainda certas obsessões de que tratam os Evangelhos, as quais tornam o obsidiado surdo e mudo, geralmente desde o nascimento ou a infância; e muitas vezes, quando passais por um desses infelizes na via pública, longe estareis de compreender que vos encontrais diante de um doente psíquico, e não propriamente físico, de um obsidiado, que vem sendo atormentado desde o estágio do Invisível, durante a desencarnação, e cuja consciência e vibrações, acometidas de mil prejuízos daí originados, somente conseguiram modelar para sua reencarnação expiatória um feto – ou corpo – apropriado ao seu demérito consciencial. Casos há curáveis, neste exemplo, com a retirada dos algozes, consoante a prática o tem demonstrado. A maioria, no entanto, não será curável, uma vez que aí se enquadrarão também os delatores, os caluniadores do passado, grandes intrigantes, maldizentes e blasfemos, aqueles que abusaram do dom da palavra para desabonarem o próximo, torturar os corações, escandalizar a sociedade em que viveram. Aqueles a quem destarte feriram, incapazes da magnificência do perdão, tornados inimigos poderosos, rodeiam-nos com represálias terríveis desde antes da reencarnação, perseguindo-os, muitas vezes, durante etapas longas, mesmo durante séculos. E a lei da Criação assim o permite para que as criaturas, à custa da própria experiência, aprendam a considerar as leis do Dever e da Justiça, únicas que lhes concederão situação digna no seio das sociedades em que viverem.

"A cada um segundo as próprias obras", eis a sentença, ou lei, exposta por Jesus, que previne contra infrações tais.

Não obstante, nem sempre os obsessores serão entidades absolutamente más. Muitas serão, ao invés, grandes sofredoras, almas tristes e doloridas, feridas, no pretérito de existências tumultuosas, pela ingratidão e a maldade desses que agora são as suas vítimas, capazes de grandes atitudes afetivas para outrem que não o seu inimigo a quem obsidiam, e não raro também foram homens intelectualmente esclarecidos na sociedade terrena, mas a quem escasseou a sublime moral da fraternidade evangélica. Não deixaremos de lembrar ainda aqueles que são "mandados" por outrem a obsidiar alguém, por antipatias, despeito ou mesmo ódio, ordem que também poderá ser expedida por um desafeto encarnado, durante o sono corporal. Tais perseguidores agem em torno das suas presas obedecendo, portanto, a ordens de terceiros, sem que a menor animosidade os impelisse ao ato, senão a obediência a uma entidade terrena ou invisível, a quem renderão homenagens e por quem nutrirão consideração. Serão, então, como uma variante daqueles assalariados terrenos, que, por uma paga, cometeriam qualquer espécie de vileza contra um estranho, de quem nenhuma queixa teriam. A invigilância, o desajuste mental do obsidiado, na sua vida cotidiana, darão ensejos a tal possibilidade, apresentando-se esse caso, então, como consequência lógica da sua incúria no cumprimento dos deveres, e não como inevitáveis resgates ou expiações de vidas pretéritas.

Dramas da obsessão

Não nos esqueçamos daquelas que têm origem no pensamento de atração da própria vítima, cuja atitude mental reteve junto de si o Espírito de um inimigo ou um rival, de um desafeto ou de um ser querido, os quais, jungidos às suas ondas de atração, de tal sorte se adaptam a elas que terminam por infelicitá-las com sua presença permanente, pois que tais entidades não estarão, absolutamente, em condições de beneficiar alguém com as próprias irradiações.

Geralmente curáveis por meio da prece, da meditação sadia e de uma doutrinação elevada e amorosa, tais obsessões, que melhor qualificaremos de "atuação" ou "assédio", uma vez combatidas trazem a particularidade de beneficiar melhor o obsessor do que o próprio obsidiado. Este atrairá, fatalmente, novas atuações das sombras, dado que se não dedique decididamente à prática do bem para a renovação dos próprios valores morais, enquanto aquele, pertencendo à classe humílima do Invisível, grandemente sofredor quase sempre, e ignorante de princípios redentores, ferido por injustiças e menosprezo da sociedade terrena em que viveu, será encaminhado a um reajustamento conveniente (comumente esse reajustamento será efetivado pela reencarnação), desde que demonstre desejo sincero de emenda, sendo ele mais infeliz e ignorante, conforme acima asseveramos, do que mesmo mau.

A todos esses desarmonizados das leis da Fraternidade deverão os servos do Senhor – encarnados e desencarnados – esclarecer ou proteger com dedicações incansáveis, paciência infatigável, desprendimento e desinteresse, visando não somente a méritos para si próprios, mas, acima de tudo, ao cumprimento de sagrados deveres diante do Todo-Poderoso, que estabeleceu a justiça do auxílio do mais forte ao mais fraco, do esclarecido ao ignorante, segundo rezam os dispositivos da lei de amor ao próximo como a si mesmo.

6

Urgia retirar do seio da infeliz família de Leonel os inimigos invisíveis que a atormentavam. Repugna sempre, porém, às individualidades já esclarecidas, admitir nos serviços de beneficência ao próximo quaisquer atos de violência contra o mesmo. Certamente que Roberto e Peri, coadjuvados pela assistência do Alto, que segue todo aquele que se devota às causas justas, teriam possibilidades de remover dali os infelizes perturbadores, sem preocupações de ordem mais suave. Todavia, não o fizeram. A fim de encontrarem facilidade para o intento, previamente trataram de afastar Leonel e sua filha para local seguro, no qual se abrigassem de novas investidas das trevas, conquanto esse local houvesse de ser concorde com seus estados de inferioridade vibratória, verdadeiros dementes, enfermos graves que eram ambos, carecedores de delicados cuidados do mundo espiritual.

O suicídio, como ninguém mais ignora, constitui para o Espírito, que a ele se aventurou em tão adversa hora, um estado complexo de semiloucura, situação crítica e lamentável de descontrole mental, forçando estudos e exames especiais dentro da própria Revelação Espírita. Entretanto, existem nele certos traços gerais, que convêm examinados ainda uma vez:

— Os suicídios que tiveram por causa a obsessão de um Espírito perverso, sobre o encarnado, apresentam certa parcela de atenuantes para a vítima e agravantes para o algoz. Existem suicidas que se viram sugestionados a cometerem o ato terrível, por meio do sono de cada noite, por uma pressão obsessora do seu desafeto espiritual, desafeto que poderá ser também um espírito encarnado, e à qual não se puderam furtar, tal o paciente que, recebendo do seu magnetizador uma ordem durante o transe sonambúlico, cumpre-a exatamente dentro do prazo determinado por este, mesmo quando se passaram já muitos meses depois da experiência. Outros existem que não querem absolutamente morrer, não desejam o suicídio; que relutam mesmo contra a ideia por que se veem atormentados e se horrorizam ao compreender que *algo desconhecido* os arrasta para o abismo, abismo esse que temem e ante o qual se apavoram. Apesar disso, sucumbem, precipitam-se nele, uma vez que, deseducados da luz das verdades eternas, desconhecedores do verdadeiro móvel da vida humana, como da natureza espiritual do homem, não lograram forças nem elementos com que se libertarem do jugo mental terrível e malfazejo, cujo acesso permitiram. Eles veem junto a si antes de efetivado o ato, com impressionante segurança, tais se materializados fossem diante dos seus olhos corporais, os quadros mentais que o obsessor fornece por meio da telepatia ou da sugestão: um receptáculo de veneno ou substância corrosiva; um revólver engatilhado, que misteriosa mão sustém, oferecendo-lho; uma queda de grande altura, onde eles próprios se veem despenhando; um veículo em movimento, sob o qual se deverá arrojar etc. Sofrem assim, por vezes, durante meses consecutivos, sem ânimo para confidenciarem com amigos, uma agonia moral extenuante e arrasadora, uma angústia deprimente e inconsolável, que lhes agravam os males que já os infelicitavam, angústia que nenhum vocábulo humano será eficiente para bem traduzir. Notemos, todavia, que tratamos tão somente da *obsessão simples*, ou seja, daquela que é ignorada por todos, até mesmo pelo obsidiado, da que se não revela ostensivamente, objetivando alteração das faculdades mentais, mas que, sutil e ocultamente, por meio de sugestões lentas, sistemáticas, solapa as forças morais da vítima, tornando-a, por assim dizer, incapaz de reações salvadoras. Pouco a pouco, sob tão doentia pressão magnética, uma tristeza suprema e avassalador desânimo comprometem as energias do assediado. Aterrador alarme desorienta-o, todos os fatos da vida, mesmo os mais vulgares, se lhe apresentam ao raciocínio contaminados pela infiltração obsessora, dramáticos, maus, irremediáveis! Esquece-se ele de tudo, até mesmo do seu Criador, ao qual, em verdade, jamais considerou, mas em cujo amor encontraria proteção e forças para resistir à tentação. E somente se preocupa com o meio pelo qual se furtará aos males que o afligem. Então sucumbe sem apelação, curva-se à vontade que conseguiu dominar a sua vontade, servindo-se da sua fraqueza de homem despreocupado das razões da vida e ignorante de si mesmo, que da existência só conheceu, muitas vezes, a feição meramente animal. Daí se concluirá, então, da necessidade de os homens procurarem conhecer a si mesmos, isto é, que possuem nos recessos da personalidade um *sexto sentido, um dom natural* capaz de permitir tais desastres, se se conservar ignorado, e se eles próprios, os seus portadores, preferirem viver alheios às causas sérias e elevadas, que lhes permitiriam a harmonização com estados psíquicos superiores, que de tudo isso os eximiriam, uma vez que o obsidiado possuirá, forçosamente, para que se torne obsidiado, os ditos dons mediúnicos, tal como toda a Humanidade os possui.

    Ora, o suicídio, assim efetuado, transformou-se antes em um assassínio gravíssimo, contornado de agravantes, cometido pelo obsessor, que responderá pela crueldade exercida, perante a justiça do Criador Supremo. Quanto ao obsidiado, sua responsabilidade certamente foi profunda, em razão de haver permitido acesso às arremetidas inferiores, por se conservar igualmente inferior, não desejando o próprio progresso com a renovação dos próprios valores morais à procura do ser espiritual e divino existente em si, não tentando reações de ordem moral e mental para dignamente se equilibrar nos deveres impostos pela existência. Responderá, portanto, pela fraqueza e a descrença que testemunhou, enfrentando, após o suicídio, momentos críticos, decepcionantes, da vida do Além, e retornando à Terra para, em existência nova, terminar a que fora interrompida pela fragilidade demonstrada ao entregar-se às mãos do algoz, sem tentar defender-se com as devidas diligências, ou reações.

7
───────────

A ação de Roberto para retirar os dois suicidas – pai e filha – do teatro dos acontecimentos, ou seja, do seu próprio lar, destacou-se pela suavidade da prática e espírito de piedade. Não ignorava ele que, em torno de uma individualidade impenitente, desencarnada ou não, voluteiam entidades viciosas e perturbadoras, mas que também se encontram influenciações amorosas de amigos da Espiritualidade, afeições ternas, de preferência uma mãe, um pai, um amigo dedicado, almas outras, prestativas e sinceras, prontas a intervirem beneficiando aquele que lhe foi caro, desde que o momento se lhes torne propício. Apelou, portanto, para o auxílio do Espírito já esclarecido da genitora do suicida, dela solicitando concurso valioso para a missão de fraternidade que se impusera, a par de outras entidades votadas, permanentemente, ao gênero de serviço. Por sua vez, Peri reunia seus milicianos árabes – pois os desencarnados também podem organizar "milícias" para os serviços do Bem, se lhes aprouver –, com eles cercando a residência em questão, como o fariam autoridades terrestres, a fim de evitar qualquer sortida desagradável por parte dos obsessores, que poderiam querer evitar a partida das suas vítimas, dada a hipótese de poderem perceber a movimentação que se seguiria.

O móvel do suicídio de Leonel, criado, como sabemos, sob pressão de inimigos invisíveis, fora o terror a uma inevitável ordem de prisão, ao cárcere humilhante e degradante, que lhe escancarava possibilidades irreprimíveis. Curvando-se àquelas influências, envolvera-se ele em complexos irremediáveis, no seio da firma comercial a que emprestava os próprios labores profissionais, como guarda-livros e caixa interino que era da mesma, cargos estes da mais alta importância no comércio e que outrora somente se confiavam a pessoas de reputação inatacável e íntima confiança da firma que as admitia. Para que o leitor, porém, leigo dos conhecimentos em torno das infiltrações obsessoras que podem envolver uma personalidade, possa ajuizar dos seus sintomas e a tempo procurar recursos na Ciência Psíquica para debelar o terrível mal, com os corretivos fornecidos pela mesma Ciência, entendemos dever explicar algo que se passava com aquela personagem da nossa história:

As anormalidades morais e psíquicas surgiram na vida de Leonel desde a infância. Durante esse período, em que, geralmente, a criança é graciosa e gentil, passiva às disciplinas educativas, a dita personagem mostrava-se avessa aos próprios carinhos maternos, preferindo rebelar-se contra toda e qualquer modalidade de correção imposta pelos pais, e também pelos mestres, na escola que frequentava, e repelindo conselhos e advertências que visavam a orientá-la para bons princípios. Demorara a instruir-se nas escolas onde tentava o curso primário, queixando-se de constantes depressões, e frequentemente tornando-se presa de violentas dores de cabeça, que o arrastavam a crises de desesperos impróprias para uma criança. Dificilmente concordava em ingerir as drogas receitadas pelo médico da família, o qual se abalava, às vezes altas horas da noite, solicitado por alguém da família, que o procurava cheio de aflição. Em presença deste, negava-se a deixar-se auscultar, embora sofresse. E, colérico e vermelho, como se uma apoplexia estivesse iminente, os olhos injetados de sangue, pela violência das dores de cabeça, que sofria, não só entrava a insultar o médico, expulsando-o de casa, como se metia debaixo das camas, dos sofás e das mesas, desfeito em choro histérico ou presa de gargalhadas suspeitas, e, tanta força empregava contra os citados móveis, debaixo dos quais se metia, que os levantava às costas e virava-os, não raro, de pernas para o ar, escandalizando os familiares e também o médico, que habitualmente aconselhava a seus pais doses de chineladas alternadas com a medicamentação por ele próprio receitada, pois que em tudo aquilo, no seu modo de entender, existia também alta percentagem de má-educação e rebeldia, que estavam a requisitar severa e imediata correção. De outras vezes, verdadeiramente possesso pelas entidades trevosas do Invisível, quebrava os consolos e aparadores de sua mãe e as porcelanas existentes nos armários onde se guardava a louça da casa, quebrava espelhos, vidraças, e tais eram os desatinos que sobrevinham dentro do lar, daí derivados, que, desesperado, seu pai saía para a rua, às vezes a horas adiantadas da noite, receoso de esbordoá-lo e matá-lo sob a cólera por que se sentia invadir, enquanto sua mãe caía com ataques nervosos de suma gravidade, após o que, ele próprio, caía em prostração surpreendente, abatido e sonolento, para avançar pela noite adentro, presa de pesadelos terríveis, durante os quais se sentia envolvido em chamas, no centro de uma fogueira imensa, ou encarcerado em prisões infectas, torturado por azorragues e mil outras impressões que a custo se dissipavam.

Não obstante, atingindo a puberdade, tais anomalias arrefeceram de intensidade, oferecendo esperanças de cura. Um hábil tratamento psíquico trar-lhe-ia, então, modificações gerais, traçando, porventura, trajetória nova em seu destino. Infelizmente para todos, seus pais e sua família, atidos à indiferença dos assuntos espirituais, conservando-se pouco menos que materialistas, não cogitaram de coisa alguma racional a seu favor. Sua mãe, doente, afetada de ambos os pulmões, definhava lentamente. Todavia, ainda assim, encaminhara-o à religião, confessando ao vigário da paróquia, onde residiam, as intraduzíveis diabruras do filho. Paciente e bom, o sacerdote tentou aconselhá-lo afetuosamente, atraindo-o para o catecismo e lecionando-lhe normas de boa conduta moral e social e de respeito a Deus. Leonel, porém, opunha-se ao ensino, manifestando tal horror às coisas da Igreja e tanta aversão ao sacerdote que, desanimado, declarou àquela sofredora mãe que seu filho era criança incorrigível, de má índole, e que somente a lei do Criador teria bastante sabedoria para chamá-lo ao dever.

Aos 15 anos morreu-lhe o pai, após breve enfermidade, deixando-o em completa liberdade. Aos 17, as antigas crises desapareceram, mas hábitos novos sucederam aos antigos, porventura ainda mais daninhos, perigosos: – toda e qualquer soma financeira que lhe caísse sob os olhos era desviada para o jogo e o trato com mulheres desonestas. Vários empregos, em casas comerciais, foram tantos outros vexames que pungiam o coração de sua mãe, que por várias vezes ouviu, de empregadores do filho, queixas acerbas da sua conduta e até insultos, ao ser ele despedido, em face do mau procedimento para com seus chefes. Finalmente, com muito esforço e sob vigilância do padrinho, que lhe substituíra, até certo ponto, o pai, conseguiu findar o curso de Ciências Comerciais que desde muito tentava, e tornou-se guarda-livros, título equivalente ao que hoje se denomina perito-contador.

Por esse tempo, o jogo absorvia-o e ele se endividava, causando sobressaltos a sua mãe, que temia vê-lo irremediavelmente desacreditado, às voltas com a Polícia. Mesmo assim, porém, apesar de encontrar-se sofrivelmente colocado e contando apenas 22 anos, casou-se, porquanto a família entendera tornar-se o casamento seguro corretivo para tantos desatinos. Não foi, entretanto, mau esposo, se considerarmos que não maltratava fisicamente a mulher, sendo até amável no trato para com ela. No entanto, também não se poderia considerá-lo bom, visto que jamais se preocupou em proporcionar conforto à família, mantendo-a sempre em acentuada pobreza, porquanto seus desacertos fora do lar absorviam parte dos recursos obtidos do trabalho cotidiano. Sua existência, assim, após o casamento, continuou caracterizando-se pelos desacertos, que prosseguiam em um crescendo angustiador.

A despeito da paciência da esposa, do seu desvelo pelo lar, ali não havia paz, nem esperança, nem confiança no destino, porque Leonel passava noites consecutivas à mesa do jogo ou locupletando-se em ceias orgíacas com amigos suspeitos. Os filhos se sucediam; e, ao atingirem a segunda infância, dir-se-iam viver assustadiços, atemorizados sem saberem por que razão. Eram feios, nervosos, enfermiços, dentre todos destacando--se a filha primogênita, cujo nome, Alcina, dir-se-ia o próprio escárnio em face do seu aspecto visivelmente masculino, não obstante tratar-se de pessoa raquítica. Feia, trazendo feições anormais, inteiramente desgraciosa, exibia também um defeito físico, pois coxeava sensivelmente da perna esquerda. Nesse lar, altercações, choro, dificuldades financeiras, falta de crença em Deus e de qualquer Religião, era o que ressaltava, de início, à observação de qualquer visitante ou amigo. À noite, sucediam-se, entre os filhos, pesadelos e crises idênticos aos que o próprio Leonel apresentara na infância, o que o levava a dizer, sem preocupações:

— Trata-se de atavismo... Eu fui assim, durante a infância.

Após a morte de sua mãe, todavia, breve interregno sucedeu-se nos destinos de Leonel. Dir-se-ia que o choque, por haver perdido tão excelente amiga, chamara-o à razão. Surgiu em seu caminho, em seguida, oportunidade feliz de boa colocação em uma fábrica de tecidos, da qual passou a ser o chefe dos escritórios, ou antes, o guarda-livros responsável por todo o movimento financeiro. Quatro anos decorreram sem anormalidades. A proteção invisível do Alto generosamente colocou ao seu alcance nova oportunidade salvadora, aproveitando o período sereno que sobreviera em torno dele: dois companheiros de trabalho, espiritistas convictos e cultos, homens honestos, bem inspirados pelas forças invisíveis do bem, tentaram despertá-lo para a crença em Deus e o cultivo das forças, ou dons, espirituais. Deram-lhe a ler livros doutrinários e científicos. Falaram-lhe da excelsitude da Doutrina que professavam, a qual a eles próprios levantara do ostracismo estéril para o plano harmonioso do dever cumprido e da consciência tranquila. Disseram-lhe da sua suave feição amorosa, que recomendava o jugo benévolo da compaixão pelos oprimidos e sofredores em geral. Leonel, porém, rejeitou os amorosos convites, ridicularizou o Evangelho, que ele não estava à altura de assimilar, glosou com chistes ofensivos a Filosofia, que não pôde entender, e depreciou a Ciência, para terminar evitando o prosseguimento das relações de amizade com os dois companheiros, que ali nada mais representavam senão instrumentos da assistência piedosa do Invisível, que tentava estender-lhe mão salvadora à beira de um abismo que o seu livre-arbítrio tornava iminente, mas evitável pelo bom-senso e a continência nas expansões das próprias paixões.

Vagara, porém, o cargo de tesoureiro-caixa da fábrica em apreço. Porque houvesse cativado a confiança dos diretores da mesma, com a habilidade profissional, de que dera sobejas provas, confiaram-lhe, interinamente, o cargo máximo da grande instituição comercial. Os primeiros meses deslizaram normalmente; mas, de súbito, Leonel entra a sonhar com grandes quantias em seu poder, oriundas do jogo. Sente-se rico em pesadelos agradáveis, e rodeado de prazeres. Tais sonhos se distenderam em sugestões, durante a vigília, e um desejo ardente de ser rico, de viajar e conhecer a Europa apossou-se dele, humilhando-o ante a modéstia em que via decorrer os próprios dias de existência. As sugestões dominaram seus pensamentos, e a antiga atração pelo jogo impele-o a voltar aos antros de vícios que durante algum tempo foram esquecidos. E noites se sucedem, com ele à mesa da roleta e das cartas, perdendo quantias vultosas. Na manhã seguinte, deixava de comparecer ao horário exato das suas funções, na fábrica, alterando o bom andamento dos serviços a seu cargo. Dores de cabeça violentas torturavam-no, alterando-lhe a saúde. Estado inquietante, de depressão ou excitação, sobrevém, dificultando-lhe as ações cotidianas. No decorrer de alguns meses, nada mais possuindo de seu, para jogar, porque perdia sempre, sem jamais recuperar o que ia perdendo, entrou a desviar, para o jogo, quantias confiadas à sua guarda, como caixa que era da importante firma. Por sua vez, a vida de Alcina, desde o berço, destacara-se do normal pela enfermidade. Não desfrutara, jamais, de boa saúde. Irritava-se por todos os motivos. Sombria, odiosa, rodeada de complexos, reconhecendo-se desagradável a todos, retraía-se de tudo e de todos, conservando-se no interior da casa, sem jamais dignar-se a um passeio ou a uma visita, negando-se mesmo a cumprimentar os amigos da casa que porventura visitassem a família. Vivia apavorada, temendo as sombras, incapaz de penetrar sozinha qualquer compartimento da casa, asseverando que vultos tenebrosos lhe apareciam na escuridão, brandindo chicotes e oferecendo-lhe copázios de veneno a tomar. Ataques sobrevinham frequentemente, durante os quais se sentia devorada pelo fogo e chicoteada por verdugos, que gargalhavam ante seus padecimentos. Após tais crises, adoecia. E os médicos chamados a assisti-la diagnosticavam as mais disparatadas enfermidades, tais como histeria, anemia profunda, alucinação por debilidade do sistema nervoso e até verminose e infecção hepática e renal, quando em verdade o mal era psíquico e repousava em uma tremenda obsessão, incurável pelos processos psíquicos, mas que poderia ser

Dramas da obsessão

grandemente atenuada pelos mesmos processos e que, acima de tudo, lhe evitariam o suicídio.

Os dias, pois, assim se sucediam sem alterações para Leonel e sua filha. Este se tornou neurastênico, irritadiço. Não falava a amigos, não mais cumprimentava os próprios companheiros de trabalho. E a todos os instantes, com a mente assoberbada de preocupações, segredava-lhe a intuição das trevas, na sugestão de perseguidores implacáveis:

— Retira, retira outras importâncias... Hás de recuperar tudo... A sorte hoje será tua... Recuperarás tudo e reporás na "caixa" o que foi "tomado de empréstimo"... Cada um tem o seu dia... Hoje é o teu grande dia, para obteres fortuna e recompensas felizes ao muito que tens sofrido...

No entanto, perdia, ainda e sempre, porque o perseguidor o acompanhava à mesa das cartas para não deixá-lo ganhar, o que o obrigava a excepcionais habilidades profissionais, para encobrir a própria falta aos diretores da firma, por meio da escrita que, como principal guarda-livros, fazia. E longas horas de meditações e mutabilidade expressiva sobrevinham, para inquietação de toda a família. Até que, finalmente, chegou o dia em que tudo se esclareceu, tal como desejara o obsessor, não vendo Leonel outro alvitre para a desgraçada situação a não ser a prisão ou o suicídio. As importâncias de que lentamente se apossara montavam em cerca de 200 contos de réis (valor da época), soma que, então, representava apreciável fortuna, impossível a um funcionário das suas condições obter para saldar uma dívida. O infeliz livre-pensador, então, desamparado de quaisquer forças de reação, porquanto nem mesmo uma fé religiosa jamais concordara em cultivar, preferiu o suicídio, assim se curvando, ato por ato, atitude por atitude, às sugestões do inimigo invisível que, realmente, só desejava desgraçá-lo. Silenciaremos, porém, sobre os detalhes dolorosos desse imenso drama, rico em testemunhos da atuação obsessora sobre um médium passivo que se ignorava, a fim de a este não identificar, faltando com a devida caridade ante suas imensas desgraças.

No entanto, uma vez tombado para sempre o próprio corpo carnal, o que Leonel encontrara como Espírito fora o prosseguimento da própria vida que tentara destruir para evitar a desonra, assim os mesmos dissabores, angústias e preocupações, agravados por uma hipersensibilidade torturante, como pelas penosas impressões físico-materiais oriundas da violência do choque traumático derivado da morte prematura.

Ora, compreendendo que, à frente de tão deplorável estado, nenhum outro concurso seria tão eficiente para socorrer o atribulado suicida como o daquela que fora a sua genitora, o meu Assistente dela se valeu para a retirada do mesmo do local sinistrado, certo de que o infeliz infrator a ela se confiaria de boa mente, sem levantar suspeita de cumplicidade com a Polícia, como suporia de qualquer outra individualidade que se apresentasse no intuito de ajudá-lo a se afastar dali. Efetivamente, a ele se chegou, desenvolta e diligente, aquela que, na Terra, o embalara no seio como mãe devotada, e, com autoridade, exclamou, como a não permitir réplica:

— Acompanha-me, Leonel! Basta de desatinos! Venho buscar-te! Vais seguir comigo! Estás enfermo e precisas tratar-te! Trago-te um médico... Ei-lo! Confia nele... Nada desagradável sucederá... Vamos!

Confiante e submisso e como aturdido por um estranho pesadelo que principiava a se desvanecer, o suicida estancou o pranto, qual menino que se cala ouvindo o balbucio materno dentro das inquietações da noite. Assim apresentado, Roberto amparou-o bondosamente, compreendendo-o vacilante e atordoado, enquanto Alcina, ainda amodorrada, como em estado de coma, igualmente se sentiu transportada, como presa de pesadelo indecifrável...

E lá se foram todos, abandonando o cenário apavorante de um drama dos mais patéticos que os incidentes terrenos costumam apresentar à contemplação dos trabalhadores espirituais.

8

Entrementes, também urgia afastar os obsessores responsáveis pelos acontecimentos que descrevemos. Tratava-se de pequena falange de poderosos inimigos invisíveis: um pai e seus três filhos varões, uma família, portanto, perseguidora de outra família. Israelitas típicos dos meados do século XVI, em Portugal, era impressionante vê-los trajando ainda a indumentária clássica da sua qualidade racial e social da época, pois que, atados às tumultuosas recordações e às impressões dolorosas do pretérito, com tal veemência se haviam apegado ao mesmo, que seus perispíritos, pressionados pelas poderosas forças realizadoras do pensamento, se apresentavam exatamente idênticos aos seus envoltórios humanos de quatro séculos antes. Fossem alcançados pela vidência de um médium assaz desenvolvido e seriam notificados quais homens fantasiados para um baile de máscaras, indo e vindo, rancorosos e sofredores, pelo ambiente doméstico de Leonel, tal se fizessem parte da família. Não obstante, o imaginário médium teria simultaneamente observado certo detalhe singular nas configurações perispirituais das mesmas entidades: vestígios sanguinolentos em seus corpos físico-espirituais, tais como dedos das mãos e dos pés com unhas arrancadas, gotejando sangue; carnes queimadas, quais desenhos de feridas recentes produzidas por ferros incandescentes; pulsos deslocados, impossibilitando destreza de movimentos; mordeduras de ratos gigantes, tão comuns nos calabouços de outrora; estigmas, ao longo das faces, pelo pescoço, braços e pernas, do azorrague despedaçador, enfim, todo o emblema trágico da ignomínia usada nos tratos às vítimas da Inquisição verificada em Portugal, por aquela época.

Odientos e sombrios, deixavam entrever também o panorama impressionante da longa permanência na incompreensão, do desamor ao próximo, enquanto extrema fadiga, sofrimentos morais inimagináveis se estereotipavam em seus semblantes espirituais, indicando a urgência que traziam de igualmente serem socorridos pela misericórdia daquele que não deseja a perdição do pecador, mas que ele viva e se renove para o Bem.

Roberto fora hebreu em certa existência vivida em Portugal e na Espanha e fácil lhe seria valer-se da circunstância para atingir os nobres fins que trazia em mira. Fez, portanto, que retroagissem ao passado as próprias forças mentais (fenômeno de regressão da memória, tão conhecido nos dias atuais, passível de realização tanto entre encarnados como entre desencarnados), pela ação de uma irradiação da própria vontade... e voltou a ser o judeu de outrora, o homem oprimido e sofredor em Portugal, ao tempo da Inquisição, ameaçado a cada passo por um sequestro e quiçá pela morte, sob os tratos do *Santo Ofício*.[3]

Assim transfigurado, deixou-se materializar conforme requeriam as circunstâncias, e penetrou serenamente na residência sinistrada, a qual se afigurava às suas sensibilidades delicadas o próprio local onde existiriam *o choro e o ranger de dentes* lembrados na exposição messiânica.

— Que Moisés e os profetas te guardem dos teus inimigos e dos inimigos da nossa raça, Rabino[4]... – saudou Roberto intimorato, servindo-se de uma vibração mental especial, que àquele se afigurou o dialeto aramaico usado desde milênios pelos da sua raça.

---

[3] N.E.: Os Espíritos evoluídos poderão retroceder no tempo, aplicando-se o fenômeno de regressão da memória, sem perderem a consciência do estado presente.

[4] N.E.: Doutor da lei judaica. Sacerdote judaico.

Dramas da obsessão

Grave, não demonstrando sequer surpresa, como se a saudação e o dialeto em que fora ela proferida fossem garantidas credenciais recomendando o visitante, o obsessor correspondeu naturalmente o cumprimento comum entre os seus:

— Que Moisés e os profetas te guardem, e à nossa raça, da crueldade dos nossos inimigos...

Fitaram-se, como se mutuamente se procurassem reconhecer. Roberto aguardou a interrogação, demonstrando, com essa atitude respeitosa, subida consideração à pessoa e à qualidade daquele em quem reconhecia um Rabino. Este prosseguiu, ao fim de alguns segundos:

— De onde és?... Como te chamas?... Ao que vens?

— Venho da Andaluzia... Chamo-me Miguel... Trago-te uma mensagem de paz e de amor, a par da minha visita pessoal, com um convite...

Aquele pareceu não ouvir o fraseado incomum para seus ouvidos habituados aos insultos das blasfêmias, e continuou, em divergente diapasão:

— És porventura um perseguido, um infeliz de quem fizeram um pária, como a nós outros, os de cá?...

— Não, Rabino, não me perseguem... Isso passou, com o tempo... Coloquei-me sob a égide de um grande e poderoso Rabboni[5]... o qual sabe defender de todos os males quantos se acolhem à sua sombra... E venho convidar-te, em nome de tua sobrinha Ester, a visitá-la e a te entenderes com ela, pois sei que sofres desde muito, que tu e os teus fostes torturados sob mil injúrias e tratos cruéis, e que, portanto, necessitas de grande repouso e consolações...

---

[5] N.E.: Título honorífico entre os judeus, que significa *Mestre*. Jesus era chamado Rabboni (Mestre) pelos seus discípulos e admiradores.

— Assim tem sido, meu jovem andaluz... Porém, como me conheces?...

— Conheço-te, e aos teus, por intermédio dos relatos da tua Ester... Ela mandou-me a ti...

A esse nome, duas vezes proferido durante alguns instantes, o velho Rabino impressionou-se, sentindo que das profundezas da sua alma estremecimentos singulares se levantavam, dulcificando-lhe o ser. Um jovem hebreu, acompanhado de mais dois outros, ambos adolescentes, aproximou-se vivamente interessado. Tomando a palavra, perquiriu arrogante, revelando índole belicosa:

— E onde se encontra Ester?... É a minha prometida... Desapareceu para sempre! Os miseráveis raptaram-na, esconderam-na, após torturá-la e vilipendiá-la em nossa presença...

As interrogações se acumularam aflitas, magoadas, atestando inquietações dolorosas. Meu jovem Assistente, no entanto, retorquiu sereno e convincente:

— De fonte autorizada eu vos informo que se acha bem próximo o momento em que haveis de revê-la para nunca mais vos apartardes dela! Todavia, depende de vós a obtenção de tão grandiosa felicidade... Rogo-te, Rabino, atenderes ao chamamento de Ester, indo visitá-la onde te espera... e ao meu convite, para travares conhecimento com o Rabboni que me protege e que igualmente a ti estará pronto a amparar...

O velho israelita, com um ricto de enfado e com um estremecimento singular, qual vibração odiosa inédita para o meu delicado Assistente, que jamais odiara alguém, redarguiu:

— Para dizer-te a verdade, jovem patrício, fui perseguido, sim, porém, hoje já não o sou... No momento revido as ofensas outrora suportadas... e tu sabes, pois que és um dos nossos, que, por muito que eu me dedique a requintar a vingança, não chegarei a "ofendê-los" ou "fazê-los" sofrer tanto quanto "eles" a nós outros o têm feito... És judeu, meu jovem andaluz, e não ignoras o que, em Portugal e na Espanha, o Santo Ofício há realizado contra nós...

— Quer dizer, então, Rabino, que esses de quem hoje te vingas, isto é, Leonel e família, pertenceram ao Santo Ofício, ou à Inquisição, em Portugal... e que o drama que neste cenário entrevejo tem origem nesse remoto tempo?...

A entidade obsessora voltou-se, agitada por significativa surpresa:

— Remoto?... Tu dizes um tempo remoto?... Não! Foi ontem mesmo!... Pois ainda não estamos com o reinado de El-Rei D. João III?[6] Ainda estou ferido, e também os meus filhos, vês?... Ardem-me horrivelmente as queimaduras, e magoam-me... Sangram-me os dedos, de onde me arrancaram as unhas... Sofro muito... e também os meus pobres e queridos filhos, que eram jovens honestos e gentis, que nenhuma ofensa dirigiram àquela malta... mas os quais agora vejo reduzidos a este estado... Foi ontem mesmo, foi! Oh!... Mas sim... Às vezes parece-me que esse tempo está muito distante... que tudo aquilo aconteceu há séculos... Mas tal impressão de longevidade se dá porque tenho estado encarcerado muitas vezes... e nas sombras de uma masmorra o tempo se afigura mais longo, não é verdade?... E sinto-me cansado, muito fatigado... No momento, pois, vingo-me dos meus algozes de outrora, ou de ontem, nem sei ao certo... desses, que aí estão... São esses miseráveis e depravados, que vês por aí... a chorarem hipocritamente, clamando por Deus, a quem nunca honraram e em quem não creem... como se fossem dignos de pronunciar tal nome... O que quero é despedaçá-los... Vês aquele, acolá?... O moreno, de olhos grandes e melancólicos, como os de todo hipócrita quando planeja o mal?... Ainda é o mesmo de outros tempos... Foi quem se lembrou de nos

---

[6] N.E.: El-Rei D. João III de Portugal (1502 a 1557) foi o 15º rei de Portugal, cognominado *O Piedoso* ou *O Pio* pela sua devoção religiosa. Permitiu a introdução da Inquisição em Portugal em 1536, obrigando à fuga muitos mercadores judeus e novos cristãos.

dilacerar as carnes, abrindo-nos estas feridas... Conheci-o sob o nome de Fausto de Mirandela... Parece que agora usa outro nome, para melhor se poder ocultar, como faz todo covarde da sua espécie... Pretendo trucidá--lo qualquer dia desses... Quero vê-lo despedaçado, sentindo por todo o corpo as ardências torturantes que eu e meus filhos sentimos, quando nos arrancaram pedaços de nós mesmos com as tenazes em brasa, usadas pelos carrascos da Casa da Inquisição...[7] Há dias atiramo-lo diante de um monstro de ferro e fogo, cujo roncar nos apavora, monstro que deita fogo, fumo e estrídulos dolorosos, alarmantes...[8] Se o apanhasse, esse monstro o despedaçaria em suas garras, pois que as possui inúmeras, grandes, terríveis, destruidoras... Porém, salvaram-no. Sei que já não sou, propriamente, um homem, mas apenas um simulacro de homem, a despeito de me sentir tão vivo e tão humano como dantes, assim como os meus filhos... e sei que eles, os meus algozes, o são, disfarçados, embora, em outras armaduras... Eles sempre se disfarçaram assim... Em outros tempos vestiam-se de amplas túnicas negras, com capuz e máscara, para não serem reconhecidos pelas vítimas... e também temendo represálias...[9] Não importa, são os mesmos de ainda ontem, e, por isso, vingo-me, pois este litígio desencadeou-se desde nossa arbitrária prisão, em Lisboa... A lei me dá direito do ricochete... Dize a minha Ester que venha cá, antes, ver-nos... Sentimos inconsoláveis saudades dela, mortificantes preocupações a seu respeito nos desorientam... Procuramo-la por toda a parte onde nos pareceu possível encontrá-la... Por que nos abandonou assim? Ou têm-na presa?... Sim, os miseráveis desonraram-na e encarceraram--na... que venha ver-nos... Dize-lhe que está vingada: Frei Hildebrando

---

[7] N.E.: Edifício sede do terrível tribunal, em Lisboa, onde as maiores crueldades eram praticadas nas pessoas dos condenados pelo mesmo tribunal.

[8] N.E.: Trem de ferro. Um indivíduo que desencarnasse no século XVI e cujo Espírito se mantivesse em atraso, imerso nas obscuridades da própria treva mental, poderia, com efeito, desconhecê-lo, descrevendo-o, no século XX, segundo as possibilidades da cultura do século em que vivera. No *Apocalipse*, São João, em Espírito, vendo o panorama da atualidade, que 2.000 anos separavam da época em que se dava a visão, descreve os atuais aviões como "grandes gafanhotos de ferro com caras de homem, fazendo um barulho ensurdecedor..." Será, pois, a mesma situação...

[9] N.E.: Os inquisidores vestiam-se, com efeito, ao presidirem os tormentos dos condenados, com longos hábitos negros e usavam um capuz em feitio de cone, que enfiavam pela cabeça até o pescoço, os quais tinham orifícios para os olhos, nariz e boca, transformando-se, assim, em máscaras impressionantes. O aspecto que apresentavam era, então, sinistro. Muitos Espíritos endurecidos, de preferência os obsessores muito odiosos, tomam esse aspecto, o que os torna verdadeiramente hediondos.

foi por nós trucidado... Foi ele o seu maior algoz, sabes?... Se és andaluz, deves conhecê-lo... Quem o não conhece em Espanha? Trata-se de história dolorosa... Não poderei abandonar este posto para ir vê-la... Vigio-os, aos miseráveis inquisidores... Acho-me em vésperas de colher mais dois em minhas redes, para atirá-los ao báratro dos réprobos... Tu conheces o báratro dos réprobos?... Mergulho-me nele por algumas vezes, a buscar inspiração para o meu ódio e as minhas vinganças... É horrível! Hei visto por aí todos os baixos níveis da sordidez humana, dos sofrimentos e depressões, mas nada se me afigurou mais sórdido do que a abjeção do suicida! E nem ta poderei explicar, porque me faltariam palavras! Os esgares que ele apresenta nas convulsões traumáticas, suas revoltas, suas blasfêmias de demônio enlouquecido, sua pavorosa confusão, eternamente envolvido em ânsias e sombras de pesadelo, suas diabólicas alucinações e seus furores e raivas são inconcebíveis por um raciocínio normal... e todo o monstruoso cortejo dos seus males agrada-me para aplicar em meus algozes, os algozes de meus filhos e de minha Ester... Torná-los, a todos, suicidas! Eis o meu anelo supremo! Oh, que alegria para o meu coração, que se rebelou para sempre! Já atirei dois deles: Frei Hildebrando e o miserável João-José, que agora andou disfarçado em mulher... Assim fazem os traidores covardes – disfarçam-se em sexo diferente, pretendendo não serem jamais reconhecidos... Puro engano! Nada há que os encubra às nossas vistas! E a João-José reconhecemos, particularmente, pelo coxear da perna esquerda, que agora não pôde ocultar... a um dei a arma com que despedaçou a cabeça: Frei Hildebrando! Ah! Ah! Confesso-te, amigo andaluz, que ajudei a acionar a molazinha mágica... Mas ao outro, ao traidor João-José, a quem aqui chamam "Alcina" – ah! ah! ah! "Alcina"!... – a esse ofereci um tóxico violento: veneno! Veneno! Morte que se dá aos traidores... como se fazia nos tempos de Sua Santidade, Alexandre VI[10]... mas Hildebrando, agora, percebe-me, só agora! e se horroriza... Esconde-se debaixo das camas, tal como eu e meus filhos, quando os beleguins do Santo Ofício nos invadiram a casa... Mete-se adentro dos armários, das arcas, por trás das portas, sem coragem para enfrentar-nos, como outro-

---

[10] N.E.: Rodrigo Bórgia, pai de César e de Francisco Bórgia e da célebre Lucrécia, Papa sob o nome de Alexandre VI.

ra... É um covarde, afianço-te! Vou levá-lo, eu mesmo, ao báratro, onde estão os seus iguais... Estou decepcionado... e não compreendo... Por que não foram os dois para o báratro, até agora?... Frei Hildebrando está uma sombra do que foi, o cruel inquisidor! No entanto, não era só isso que eu desejara para ele... E João-José desmaiou e se encontra em agonia desde que sorveu o tóxico de Alexandre VI, que lhe ofereci, isto é, aquela *água tofana*, a que estou ouvindo chamarem aqui *Arsênico*... Estou desesperado! Por que não foram para o báratro?... Hei de arrastá-los até lá... Se me ausentar daqui, algo desagradável sucederá... Meus filhos são inexperientes, sem mim não saberiam agir... Dize a minha Ester que venha cá...

Calou-se, exausto, como sucumbido por ansiedade depressora... Roberto, que ouvia em muito prudente silêncio, chamou a si a serenidade possível no caso, para responder com inteligência:

— Creio muito justas as tuas ponderações, Rabino, e concordo contigo: a Lei de Moisés prescreve, com efeito, a retribuição das ofensas contra nós praticadas pelos nossos inimigos... Muito a teu pesar, porém, declaro-te que Ester não deseja medir-se com estes réprobos... Esqueceu-os completamente, porque é feliz! Não está prisioneira, nada sofre... Todavia, não virá... Se queres vê-la e falar-lhe, terás de buscá-la onde se encontra... E aproveitarás a oportunidade para te entenderes com o Rabboni de que venho falando, do qual é ela discípula...

— Tu mais e mais me aguças as preocupações e a curiosidade... mas estou indeciso... Esse teu Rabboni me reprochará pelos feitos que venho realizando contra os meus algozes?... Muitos outros o têm feito... mandando-me perdoar-lhes, pois dizem que, com efeito, a lei e os profetas ensinam o amor aos semelhantes... mas que têm eles com os meus assuntos particulares?... Aos semelhantes, sim, concordo! mas e aos inimigos?... Um inimigo será um semelhante nosso?... Como poderei amar frei Hildebrando, João-José, Fausto e Cosme de Mirandela, a condessa Maria de Faro?... Quem é, afinal, ele, esse Rabboni teu amigo?...

Sem desejar valer-se de uma inverdade, mesmo quando ela poderia passar como beneficente, mas também não podendo expor a verdade em toda a sua clareza, revelando a pessoa de Jesus Cristo, que era a quem se referia, respondeu com segurança o meu Assistente:

— É um dos nossos! Como tu, como eu, como teus filhos, foi igualmente perseguido, vilipendiado, supliciado pela casta sacerdotal... Não, Ele não te deteria nas ações que preferires praticar, pois concede-nos liberdade de ação... deseja, sim, que renunciemos ao mal por amor à virtude, mas quer que o façamos por nossa livre e espontânea vontade, sem quaisquer coações... Vem, sem temor... E a fim de que nenhuma anormalidade advenha, contrariando-te, deixaremos aqui alguns amigos – uns milicianos árabes – de ronda a esta casa... São também teus amigos... desejam ser úteis a ti e aos teus filhos...

O chefe dos ofensores aquiesceu, talvez premido por uma vontade superior interessada em conceder-lhe ensejos para a emenda de princípios, e certamente vencido pelo desejo de rever Ester, sua sobrinha, igualmente supliciada e morta pelo tribunal da Inquisição, a qual, no entanto, jamais pudera reencontrar, desde quatro séculos, uma vez que ela soubera, desde muito, acolher-se sob a inspiração do Bem e do Amor, perdoando àqueles que a haviam torturado no passado, e, portanto, afinando-se com a Luz.

9

Seguindo ordens recebidas, o operoso e paciente Roberto transportou o velho Rabino para a localidade onde existia o núcleo espírita sob cuja responsabilidade o trabalho de esclarecimentos se faria. Para o obsessor judaico a caminhada fora normal, afigurando-se que marchava a pé, pelas ruas de Lisboa, as mesmas que, quatro séculos antes, perlustrava diariamente, e cujas imagens e panoramas se haviam decalcado em suas forças mentais, tornando reais, para si mesmo, as figurações que não mais existiam senão nas repercussões vibratórias das suas recordações concretizadas. De outro modo, o antigo israelita não procurava inteirar-se da época social em que se encontravam os homens, continuando, assim, a existência absorvido pelas próprias preocupações da etapa que vivera na Terra, ou se a localidade onde agora viviam os seus antigos desafetos seria ou não seria Lisboa. O que nele se acentuava, pois, era o retardamento do progresso pessoal, a personalidade amodorrada pelo ódio sombrio e tradicional, a mente e a vontade escravizadas a uma ideia inferior, incapacitando-o, portanto, para as funções da evolução normal. Os quatro séculos decorridos do dia em que se vira aprisionado pelas autoridades do chamado Santo Ofício, de Lisboa, com toda a sua família, até os dias atuais, afiguravam-se-lhe período normal de alguns anos. Ele perdera, aliás, a noção do tempo, como alguém que, vendo-se atirado a um calabouço durante longo período, sofre a impressão atordoante da longevidade em que se perdeu mentalmente, não podendo distinguir, portanto, as datas, não mais podendo contá-las, sequer se apercebendo, do fundo do seu abismo de impossibilidades, se para além das muralhas que o detêm é dia ou permanecem trevas eternas, idênticas às do cárcere em que se amesquinha. Em verdade, nem esse pobre sofredor e tampouco os filhos queriam distinguir em derredor senão as personalidades pelas quais se interessavam ou o que com elas se relacionasse. Os demais acontecimentos e personagens, localidades, progresso material terreno etc., passariam despercebidos às suas percepções ou a eles não prestavam verdadeira atenção, como se os sentimentos inferiores, fornecedores das pesadas irradiações que os envolviam, tecessem estranho nevoeiro em torno das suas expansões inteligentes, anulando-as para qualquer pendor que não a sua ideia fixa de ódio e vingança. Assim sendo, não perceberam que se transferiram de Portugal para o Brasil, atraídos pelas correntes afins existentes entre eles próprios e aqueles a que odiavam, como não perceberam que do sul do Brasil eram transportados para um recanto do estado de Minas Gerais, em alguns minutos, tempo assaz longo para um Espírito em condições de progresso normal locomover-se, mas muito rápido, em verdade, para uma entidade inferiorizada transportar-se, tão rápido que, tal sucede com o movimento da Terra e os homens, seus habitantes, ele nada distinguiu, supondo-se antes a caminho de local desconhecido, em Lisboa, ao lado de um mensageiro da sua Ester. O certo era que o meu caro assistente, valendo-se das possibilidades das forças naturais do mundo espiritual, transportara o obsessor através do Espaço, valendo-se da volitação... e fê-lo entrar no posto mediúnico de onde partira a ordem para detê-lo de qualquer forma.

Gentilmente recebido por dedicados trabalhadores espirituais do Centro em apreço, convenceu-se de que se encontrava em um gabinete reservado de alguma sinagoga israelita, pois não esqueçamos de que Roberto lhe sugerira que o levaria a conhecer certo Mestre judeu famoso; e sentiu-se esperançado, dilatando-se-lhe o peito em um hausto de reconfortante expectativa. Acomodou-se em confortável poltrona, que lhe indicaram, e, pensando em Ester, murmurou:

— Disseram-me encontrar-se ela sob tutela de um grande e generoso Rabboni, um dos nossos... Louvados sejam os profetas de Israel, que a salvaram do bando de corvos dos subterrâneos do Santo Ofício... Querida e pobre filha! Vou, finalmente, ver-te! Louvados sejam os profetas...

Pendeu a cabeça e adormeceu sob nossa injunção.

Sobre a Terra, eram duas horas da madrugada...

* * *

Entretanto, na residência de Leonel, os três jovens obsessores viram que um pelotão de guerreiros árabes invadia a casa, enquanto exteriormente guardas armados se postavam, rodeando-a, assim impossibilitando quaisquer tentativas de fuga, amedrontando-os e predispondo-os a atenderem os convites para irem ao encalço do pai. Apavorados ante a perspectiva de perseguições renovadas, pois conservavam ainda, como atualidade impressionante, a lembrança das atrocidades sofridas sob o despotismo da Inquisição, corriam eles a se ocultarem, imprecando por socorro e misericórdia, bradando pelo pai, que já não viam, repetindo, ato por ato, as cenas de terror do dia em que foram presos pela milícia do Santo Ofício, cenas que o ódio e a revolta, o terror e o desespero haviam gravado de forma indelével nas suas superexcitadas mentes. Para eles, aqueles guerreiros armados eram os assalariados da Igreja, que teriam criado um capricho novo a fim de arrastá-los ainda uma vez à prisão e à consequente tortura, já tantas vezes experimentada. Que importava a indumentária conhecida dos soldados árabes, que ali distinguiam?... Por aqueles remotos tempos, não raramente acontecia que judeus, convertidos à fé católica, ou que afetavam a conversão para fugirem às perseguições, e visando a quaisquer vantagens pessoais que lhes permitissem viver em paz, aliavam-se às autoridades inquisitoriais ou às civis para a perseguição aos próprios irmãos de ideal religioso, do que resultavam as mais revoltantes calamidades individuais, pois, confiantes na ação dos correligionários de crença, caíam os perseguidos em ciladas irremediáveis, sucumbindo pela traição, muitas vezes ignorando mesmo que eram traídos! E assim se encontravam, portanto, presas de pânico indescritível os três jovens obsessores, quando viram Roberto entrar sereno e confiante, procurando-os a fim de lhes falar. Reconhecendo-o, correram ao seu encontro, e, em um brado uníssono, interrogaram:

— E o Sr. nosso pai?... Que é feito dele?... E Ester?... Onde se encontram ambos?... Que lhes sucedeu?... Receamos que...

Roberto, porém, cortando o ensejo para maiores excitações, apresentou-lhes um bilhete lacônico. Arrebatou-lho das mãos o mais velho dos três, belo jovem de 20 anos, que teria sido quando encarnado, reconhecendo, emocionado, a caligrafia da antiga prometida que lhe fora tão querida. E leu, com sofreguidão e nervosismo:

"Confiai neste portador, que é leal amigo... Conduzir-vos-á a local seguro, onde ficareis ao abrigo de quaisquer surpresas desagradáveis... Será tempo já de descansardes, todos vós, e procurar viver em paz... Estarei convosco dentro em pouco..."

Confiaram, realmente, à indicação da alma querida que tão bem os estimava, aquela Ester que os desejava contemplar na senda sublime da verdade e do amor. Confiaram e seguiram, acompanhando o meu dedicado assistente, aflitos por se distanciarem do local que supunham invadido pelos sequazes da Inquisição.

E assim foi que, ao cabo de algum tempo de marcha, viram que se descerrou, permitindo-lhes passagem, um frágil portão de ferro fundido, gradeado, tão comum no século XX, o qual lhes apareceu gracioso, habituadas que se achavam suas mentes à ideia dos pesados portões de carvalho chapeados de ferro ou de bronze, do século XVI. O mais novo dentre os três irmãos, Espírito que havia quatro séculos conservava a forma perispiritual de um jovem de 13 anos, pôs reparo no detalhe e, rindo-se, exclamou indiscreto:[11]

— A julgar-se pela singeleza destes batentes, a segurança junto ao grande Rabboni não será poderosa...

Os irmãos repreendiam-no envergonhados, enquanto Roberto retrucava, pois não convinha deixá-los tomar quaisquer ascendências:

— Os vossos portões de Lisboa eram tão sólidos e pesados que um só homem lhes não moveria uma das asas! Não obstante, apenas cinco beleguins do Santo Ofício bastaram para depredá-los e saquear-vos a residência! Estes são frágeis, com efeito; mas eu desafio a todas as milícias da Terra e do Invisível inferior a transpô-los para vos arrebatarem do pequeno solar que aqui vedes...

— Oh! como te inteiraste do que se passou à nossa prisão?... – adveio o mais velho. – Ester entrou em confidências, porventura?...

— Não, meu amigo! Vós outros mesmos revelastes tudo, com as recordações externadas pelos vossos pensamentos, ao transpordes estes umbrais...

Nenhum deles entendeu, mas prosseguiram todos. Tratava-se da entrada principal do Centro de trabalhos espíritas a que me venho referindo, em cuja ambiência um grande drama do Invisível marcaria o primeiro passo para o seu redentor epílogo.

Penetraram o recinto, respeitosos e tímidos. Afigurou-se-lhes, como acontecera ao pai, haverem ingressado em uma sinagoga provinciana, visto

---

[11] Nota da médium: Durante a recepção desta obra foi-me concedida a visão desses Espíritos, com as indumentárias típicas da época. Das mais comoventes era a configuração da personagem *Rubem*, menino vivo, inteligente, regulando 13 anos, com efeito, e como que nervoso, atemorizado. Trajava veludo negro, calções e meias à moda da época, semblante marmóreo, lábios finos, olhos vivos e chamejantes, um pequeno gorro tipo "casquete", com pequena pluma branca. De vez em quando, em um ricto de dor, levava os dedos unidos à altura da boca e soprava-os, como se sentisse ardência.

que se conservavam judeus, trazendo as mentes carregadas de conceitos e injunções comuns ao estado habitual. Distinguiram o pai comodamente reclinado em uma poltrona, dormindo serenamente. Um raio de luar, melancólico e benfazejo, entrava pelas vidraças, aclarando, qual bênção celeste, a penumbra do salão mergulhado em silêncio. Dir-se-ia a luz indecisa de uma lâmpada de Santuário, comum nas antigas sinagogas. Poltronas convidativas chamavam ao repouso. Eles procuraram acomodação ao lado do pai, sonolentos e fatigados. Meio atordoado, o mais velho levantou para o meu Roberto os olhos grandes e torturados e interrogou humildemente, fiel a uma dor de saudade que se alongava já por quatro séculos:

— E minha Ester?... Quando a verei, amigo andaluz?... Eles levaram-na... E ela nunca mais voltou...

Compadecido, o meu Assistente respondeu, acariciando-lhe fraternalmente os ombros:

— É alta noite... Agora não lograremos vê-la... mas amanhã tê-la-ás contigo, fica certo... – pois era necessário que os tratássemos como se ainda fossem criaturas humanas.

Aproximei-me, só então, o coração invadido por intraduzível piedade, e apressei-lhes o sono perispiritual, de que tanto necessitavam, servindo-me de uma pressão magnética.

E assim foi que aquelas infelizes entidades se entregaram ao sono indispensável à recuperação espiritual, às quais quatro séculos de ódio, de incompreensão e de inconformidade, haviam aprofundado os terríveis e dramáticos sofrimentos originários da perseguição religiosa movida pela Inquisição de Portugal, de sinistra memória.

Segunda Parte

O Passado

1

Cumpriria cientificar-me do passado espiritual das personagens implicadas no drama que se apresentava complexo e muito grave, a fim de me habilitar para uma favorável solução do mesmo. Deixei, portanto, os delinquentes sob a guarda protetora dos responsáveis, espiritualmente, pelo Centro que os hospedava, e afastei-me tranquilo, convidando Roberto a me acompanhar em um giro indispensável pelo Espaço, à procura de informações seguras e rápidas.

Certamente que, para inteirar-me dos remotos contratempos que criaram o antagonismo entre os meus pupilos do momento, não seria obrigatório o recurso de varrer as ondas luminosas do éter, em busca de arquivos informativos que detalhadamente esclarecessem o de que necessitaríamos para um trabalho eficiente de reeducação dos mesmos. Tal processo, sendo fecundo e seguro, mesmo belo, é lento e penoso, mesmo para as possibilidades de um Espírito algo esclarecido. Impõe a necessidade de técnicos selecionadores, de demarcações rítmicas das ondas da luz, casando-as com os nossos padrões vibratórios, para que o serviço da boa captação não sofra deficiências para as análises sobre os acontecimentos a serem examinados.

Conforme não mais ignoram os estudiosos e pensadores do Espiritismo, as poderosas sensibilidades etéricas, as ondas luminosas disseminadas pelo Universo, o fluido universal, enfim, sede da Criação, veículo da Vida, possui a prodigiosa capacidade de fotografar e arquivar em suas indestrutíveis essências os acontecimentos desenrolados sob a luz do sol, na Terra, ou pela vastidão do Infinito. A História da Humanidade, portanto, estaria arquivada em imagens e sons pelo infinito afora, e, como a da Humanidade, necessariamente a história de cada individualidade, particularmente. Rever, portanto, o que passou, rebuscando imagens e cenas fotografadas nas "ambiências etéricas", não será, para um Espírito trabalhador, tarefa muito rara, embora penosa. Comumente esses Espíritos o realizam para estudos científicos e filosóficos, lições profundas e muito eruditas para as almas fortes que se dedicam a cursos elevados na vida espiritual, para análises magníficas, que somente ao mundo invisível interessam, por enquanto. Para o caso de Leonel, no entanto, seria dispensável tal recurso, visto que poderíamos contar com outros processos mais fáceis, igualmente seguros. Poderíamos, por exemplo, extrair dos arquivos mentais do próprio Leonel, em operação psíquica melindrosa, o seu passado reencarnatório, particularizando episódios em que se visse em relações com aqueles que, no momento, eram os seus obsessores. Poderíamos tentar as mesmas informações com os seus quatro perseguidores, obrigando-os a um retrocesso parcial ao pretérito para extrair da sua memória, ou consciência (arquivos mentais do perispírito), as recordações informativas, exatas, uma vez que, na precária situação em que se achavam, não lograriam energias para evocarem voluntariamente esse passado, com as minúcias de que precisaríamos. Repugnava-nos, todavia, torturar tanto a todos eles, pois forçá-los ao amargor do retrocesso da memória seria excitar-lhes o sofrimento, aguçando-lhes as raivas, abalando-lhes as faculdades carentes de bálsamos e consolações. Restava-nos, porém, o formoso Espírito Ester, que nos procurara naquela mesma emergência, dispondo-se a auxiliar os trabalhos com valioso concurso em torno dos seus entes amados e prontificando-se a tudo o que dela exigíssemos. Todavia, nós a víamos tão angelical e adorável, tão docemente humilde e encantadora, que nos detivemos no desejo de solicitar-lhe o favor de uma confidência minuciosa sobre o passado dela própria e das duas falanges litigantes, desencorajados de levá-la a reacender no próprio ser episódios vividos entre dores e opróbrios, que antes deveriam ser para sempre esquecidos. Deliberamos, então, recorrer ao guardião hierárquico de Leonel, certos de que, por mais desgraçada e revel que seja

Dramas da obsessão

uma individualidade, sempre será exato que contará com fiéis amigos do Plano Invisível, prontos a beneficiá-la e assisti-la, desde que ela própria consinta em ser auxiliada por meio da boa vontade em progredir.

Prontificou-se ao relatório solicitado o venerando mentor espiritual e, bondosamente, qual o emérito professor na cátedra elucidativa, foi dizendo, como em prelúdio às narrações que viriam a seguir:

— O nosso querido Leonel necessitava, meus amigos, realmente, da amarga lição que, finalmente, a Lei das Causas e dos Efeitos o levou a experimentar. Desde tempo remoto até a atualidade, ele se vem inspirando em diretrizes corrompidas, arraigado a paixões inferiores, sem boa vontade para a emenda em princípios regeneradores, apesar dos nossos esforços para conduzi-lo à marcha legítima para o Bem. O orgulho incorrigível, os instintos inferiores, a indiferença pelo respeito a Deus e às leis da Vida e da Morte, a permanência intransigente nas ínfimas camadas da moral, as consequências sempre desastrosas daí decorrentes, bradavam por um corretivo mais enérgico, uma punição que, levando-o à dor legítima, dispusesse suas faculdades a atitudes mais sóbrias, permitindo-lhe raciocínios a bem de si mesmo. Variados ensejos para o progresso nós lhos vimos concedendo dentro de período milenar. Há menosprezado tudo, conservando-se fiel ao antagonismo com a luz. Vezes várias fizemo-lo reencarnar em ambientes honestos, no seio dos quais lições e exemplos educativos jamais escassearam. A tudo repudiou, desgostando pais, ferindo irmãos, atraiçoando amigos, negando-se ao dever, reincidindo em faltas graves, afastando-se de Deus!

"Fixado, assim, em um círculo que se tornava vicioso, urgia algo em seu socorro por meio de um corretivo que para sempre lhe sacudisse as forças psíquicas para novos rumos.

"Qual o corretivo, porém, a aplicar?... Que punição bastante justa, castigo assaz sábio para, corrigindo-o, não reverter em impiedade por parte da lei que os permitisse?...

"De fácil solução seria o problema, aplicado tantas vezes entre os endurecidos no mal, pela mesma lei: deixá-lo inteiramente entregue ao seu livre-arbítrio! Afastarmo-nos dos seus caminhos, não mais o aconselhando durante o sono corporal e tampouco tecendo em torno dos seus passos barreiras que anulassem os múltiplos malefícios com que teimava em barricar a própria evolução moral-espiritual. Deixarmos de interferir nas reencarnações, abandonando-o à própria responsabilidade, sem nossas inspirações e assistência, a fim de que sentindo, finalmente, a solidão interior envolver o seu espírito, ele se humilhasse perante si mesmo e procurasse reencontrar-nos, com boa vontade para a emenda e a conquista do progresso, impulsionado pelos aguilhões da dor.

"Foi o que fizemos nesses quatro séculos, quando suas desordenadas expansões exorbitaram dos direitos de cada um dentro das sociedades terrenas. Sim, desde há quatro séculos, quando, reencarnado à sombra da cruz do Enviado de Deus, depois de prometer, no Espaço, labores benévolos a favor da Doutrina e da Igreja a que desejou servir, do poder que ambas exercem sobre os homens, abusou, aviltando-as com os crimes que praticou, tendo-as por desculpa e delas se servindo como arma irresistível na prática de abominações!"

Fez uma pausa o erudito mentor, que se diria antigo patriarca oriental, e continuou após, salmodiando vibrações dulcíssimas, só compreensíveis à mentalidade de um desencarnado como ele:

— A história do meu pobre Leonel é como a de tantas outras ovelhas revéis do aprisco divino, o próprio drama encenado e vivido pela Humanidade em litígio com as próprias paixões. Há períodos na existência de um homem, como de uma sociedade e um povo, em que seus erros tanto transvazam da órbita razoável em um planeta de provas e expiações que o ricochete entra a puni-los incessantemente, com todo o cortejo das atrozes consequências criadas pelos próprios atos. É quando estão entregues a si mesmos, agindo inteiramente em liberdade, sem nossa intervenção em nenhum ato de suas vidas. Diante de tal punição

– o viverem entregues a si mesmos –, não resistirão por muito tempo aos convites da emenda. Seus excessos atrairão situações de tal forma anormais, desequilíbrios tão pungentes na marcha irrefreável das existências, que outro recurso não encontrarão, a fim de remediá-los, senão a submissão às equitativas leis da razão e da justiça... o que quer dizer que buscarão, voluntariamente, o caminho do Dever, do qual jamais haviam cogitado. A história messiânica do Filho Pródigo não poderia ser melhor imaginada, para retratar a marcha da Humanidade, do que o foi por nosso Mestre Jesus Nazareno. Eis, pois, o corretivo supremo da lei: abandonar os rebeldes e endurecidos a si mesmos, não os assistir sequer com a inspiração, quer no estado terreno quer no espiritual, tal como o pai de família, que deixou partir o filho mais novo, certo de que as duras experiências, consequentes das próprias irreflexões, bem cedo o levariam à emenda dos costumes, à regeneração definitiva...

Deteve-se novamente o nosso ilustre interlocutor. Compreendemos que reunia recordações revolvendo arquivos mentais para nos confiar particularidades de um drama que sacrossantos deveres de assistência ao próximo nos autorizavam conhecer, mas, passados alguns instantes, elevou novamente o seu diapasão mental, que entendíamos por fraseado escorreito, e prosseguiu:

— Fui judeu nos tempos do amorável mártir de Jerusalém, recebendo então, de suas próprias palavras e exemplificações, a luz dos ensinamentos eternos, e também obtendo a honra de morrer sacrificado pelo amor da sua Doutrina, pouco depois da sua retirada dos planos terrestres. Apaixonado por seus ensinamentos, como Espírito impus-me o dever de auxiliar antigos compatriotas meus à conversão ao vero Cristianismo, tarefa árdua, que me há extraído lágrimas e muitas amarguras do coração. Não sou, portanto, senão pequeno mentor da falange litigante que acabais de conhecer, isto é, Leonel e família, falange da qual me afastei, temporariamente, por ordens superiores, dada a rebeldia com que se conduziam, mas dos quais me aproximarei desde que demonstrado seja o desejo do progresso e da reconciliação com o Bem.

"Os sombrios acontecimentos que se desenrolaram em um período de quatro séculos, em reações contínuas entre o Espaço e a Terra, e que tiveram como personagens as duas famílias que conheceis, se originaram dos seguintes feitos de uma e de outra..."

E então o Patriarca iniciou a narrativa, enquanto eu e Roberto, presos às suas vibrações mentais, entrávamos em seus pensamentos, assistindo, destarte, aos episódios, com tanta precisão e clareza como se comparsas também fôssemos das cenas evocadas. No entanto, para que ao leitor seja permitido mais facilmente investigar minudências na moral dos fatos em apreço, descreveremos o a que então assistimos, com redação nossa, esforçando-nos em esclarecimentos que induzam a análises idênticas em numerosos dramas terrenos que diariamente surpreendem a sociedade.

2

— Pelos meados do século XVI, já a Inquisição em Portugal estava definitivamente estabelecida. Depois de longas e mui fastidiosas *démarches* e controvérsias dos governos do Reino com os poderes eclesiásticos de Roma, foi oficializado esse célebre tribunal, meio religioso, meio civil, cujos fins desumanos, inconfessáveis, são ainda hoje a mácula que enodoa não apenas o gesto da Igreja, que em hora infeliz consentiu patrociná-lo, mas também os poderes civis que o requereram e adotaram. A Inquisição, chamada, pela primeira vez, na Espanha, o Santo Ofício, desde muito, segundo reza a História, fora estabelecida na França (século XIII), onde não se arraigou, como era de esperar, com a violência observada em outros países do sul da Europa, isto é, na Espanha, em Portugal e na Itália. Em Portugal, onde se verificaram os acontecimentos que evocamos, coube ao rei D. João III, chamado o "Piedoso", graças ao fanatismo religioso de que dava provas, ativar as negociações junto de Sua Santidade, o papa Paulo III, a fim de oficializá-la, decretando suas funções com plenos poderes, pois compreendeu esse cruel soberano as grandes vantagens de ordem econômica resultantes de uma perseguição sistemática, oficial, contra os chamados "hereges", ou judeus, tão altamente colocados no comércio como na indústria, uma vez que a perseguição incluiria a confiscação de suas fortunas e bens imóveis. Jamais em outros países da Europa agiu a Inquisição, contra os judeus, com tão cruel violência como na Espanha e em Portugal. Esse tribunal civil-religioso, como vemos, era estabelecido e patrocinado pelas leis religiosas, mas firmado também em poderes civis, ou nacionais, e por isso tanto servia à Igreja, ou aos seus representantes, como ao Estado. No todo não passou de politicagem torpe, à sombra da qual as mais cruéis, desumanas e vergonhosas arbitrariedades, os mais atrozes crimes eram perpetrados. O recurso de que se lançava mão para exercer-se tal poder era a heresia. A Inquisição tinha por finalidade perseguir os hereges, ou aqueles que assim eram considerados pelos governantes fanáticos e os agentes do Papado. Em Portugal e Espanha, eram os hebreus, ou judeus, os mais perseguidos; mas é bem verdade que por toda a parte se perseguia por qualquer motivo e também sem motivo algum, por simples questões pessoais, levando-se o adversário às penalidades máximas do Santo Ofício sempre sob acusações de heresias ou de conspirações, permitindo-se, assim, livre curso às ambições, ao ódio, às vinganças etc.[12]

Pertencendo à classe mais aprimorada em haveres de toda e qualquer comunidade da Europa, mesmo acima de muitos vultos da nobreza, em matéria financeira, os judeus se viam perseguidos pelo Estado incessantemente, o qual lhes confiscava os bens para aumentar os cofres públicos, ampliar o conforto pessoal e o fausto da realeza e incentivar este ou aquele empreendimento de benefício geral, ou público, muito embora tal dispositivo nem sempre constasse da lei oficializada. Seria um roubo que o Estado cometia, um assalto acompanhado de crimes e abomináveis crueldades, pois os judeus eram classe honesta e seus haveres adquiridos por meio de esforços heroicos e perseverante trabalho. Prendiam-nos desde que fossem denunciados por este ou aquele cidadão, muitas vezes provindo a denúncia de torpes conciliábulos de conventos e paróquias e gabinetes governamentais; processavam-nos sob formas ditas "legais", torturavam-nos a pretexto de convertê-los à fé cristã e salvar suas almas; queimavam-nos vivos em fogueiras levantadas nas praças públicas; arrasavam, algumas vezes, suas propriedades, depois de saqueá-las; aviltavam suas esposas e filhas, antes de suplicá-las; esqueciam-nos para sempre no segredo de masmorras solitárias como túmulos; cometiam,

---

[12] N.E.: A Inquisição era tribunal eclesiástico, estabelecido pela Santa Sé, mas firmado sobre os poderes civis. Em Portugal, como é sabido, o governo usou de grande insistência para que a Santa Sé permitisse o seu estabelecimento. Os inquisidores geralmente eram os próprios religiosos: bispos, padres, frades etc.

enfim, toda a espécie de vilezas e atrocidades, de que hoje o mundo se envergonharia – e tudo executavam em nome da religião cristã e à sombra da cruz redentora daquele que repetira aos seus contemporâneos:

"Amai-vos uns aos outros como eu vos amei!"

Ora, precisamente em Lisboa, no bairro hoje denominado *Mouraria*, durante o reinado de D. João III,[13] e quando as férreas leis inquisitoriais exerciam com violento vigor as suas arbitrariedades, erguia-se um solar de belas proporções, rodeado de altos muros de pedras superpostas, como fortificado, cujos portões pesados antes se diriam os batentes de uma pequena fortaleza. Tratava-se de agradável vivenda ornada de pitorescos jardins, que muita inveja causava a mais de um fidalgo ou luminar do clero que por ali se aventurasse em cavalgadas felizes nos dias de maior ociosidade; de fartos pomares, de aviário rico, bosquete de oliveiras e tamarindeiros frondosos e pitorescos, nascentes de água pura e cristalina, que à mansão emprestavam semelhanças patriarcais, recordando a lendária Judeia ou a singela Galileia, tão bem descritas nos Evangelhos do Senhor. Ali residia o ex-Rabino, nascido Timóteo Aboab, em Portugal, hebreu por tradição, assim chamado e conhecido por seus compatriotas e irmãos de crença israelita, mas a quem as leis do fanatismo religioso, encarnadas na personalidade cruel do rei D. João III, durante uma das muitas perseguições verificadas contra os indefesos súditos de raça hebreia, obrigaram à conversão e ao batismo da fé católica romana sob o nome de Silvério Fontes Oliveira. O *Silvério* fora caprichosamente arrecadado do santo do dia do batismo, enquanto o *Fontes Oliveira* escolhido fora pelo próprio batizando, sob inspiração das preciosas fontes de água pura existentes em seus jardins e das oliveiras frondosas que lhe emprestavam sombras protetoras para a sesta.

O novo cristão Silvério, ou o ex-rabino Timóteo Aboab, era riquíssimo, como a maioria dos seus irmãos de raça, industrial e banqueiro,

---

[13] N.E.: D. João III reinou de 1521 a 1557.

envolvendo-se em elevadas transações comerciais mesmo com o estrangeiro. A par disso, como *doutor da lei israelita*, que era, possuía excelente cultura intelectual, falando alguns idiomas diversos do seu hebraico tradicional e vários dialetos orientais. Diziam dele que continuava exercendo o ministério da sua grei religiosa, mesmo depois da suposta conversão à Igreja de Roma, isto é, continuava como sacerdote judeu entre seus correligionários, em sinagogas clandestinas, mas muito bem frequentadas pelos adeptos de Moisés e dos Profetas do reino de Israel. Fora ele casado com uma dama graciosa e muito formosa, espanhola de nascimento, mas descendente de árabes legítimos, cujo nome seria Arammza. Desse consórcio felicíssimo três filhos varões haviam chegado ao mundo, para orgulho do respeitável Rabino, cujo coração se dilatava tanto, contemplando a prole masculina, como se teria dilatado o coração do patriarca Jacó contemplando os seus doze rebentos varonis, que se ramificaram nas doze tribos vitoriosas e heroicas de Israel.[14] Seus nomes eram, em escala decrescente – Joel, Saulo e Rubem. Na mansão da Mouraria vivia ainda uma sobrinha de Timóteo, a formosa e meiga Ester, cujos pais haviam sucumbido sob os tratos da Inquisição, deixando-a órfã aos 6 anos. Quando Rubem, o filho mais novo de Timóteo, contava apenas seis meses de existência, houve uma das terríveis perseguições em Lisboa e o Dr. Timóteo e esposa foram presos pelo Santo Ofício. Torturados, a fim de abjurarem a crença dos seus antepassados, Timóteo, visando a furtar a esposa às crueldades que presenciava e sofria, abjurou – ou fez que abjurou – a velha fé nos Profetas da sua raça e fez abjurar a esposa, aceitando, então, o batismo, a troca de personalidade social, com um nome bem português e ainda a humilhação da troca do nome dos filhos, por cuja sorte tremia de aflição no fundo do cárcere. Em verdade, porém, o horror e o ódio à crença dos cristãos recrudesceram em seu peito e, intimamente, no silêncio do seu coração e nas fecundas exaltações do próprio pensamento, conservava-se o mesmo fervoroso hebreu de sempre, venerador da Lei de Moisés e da crença de seu povo, agora porventura

---

[14] N.E.: Os doze filhos de Jacó, dos quais se originaram as doze tribos de Israel, são: Rubem, Levi, Benjamim, José, Efraim, Manassés, Zebulom, Issacar, Gade, Dã, Naftali, Asser – segundo reza o Velho Testamento (*Deuteronômio*, 33).

com mais nobre fervor e sentidos zelos de crente ofendido na delicadeza do próprio ideal. Todavia, fora em vão o sacrifício no tocante à pessoa de Arammza. Não resistindo aos tratos sofridos na prisão e tampouco ao desgosto pela abjuração, que considerava ofensiva ao Deus de Israel, como à sua honra pessoal, a formosa judia espanhola deixou de existir, ficando inconsolável o pobre esposo e na orfandade os três pequenitos cujos nomes, após o batismo imposto pela catequese inquisitorial eram Henrique, José e Joaquim, respectivamente. Igualmente batizada, Ester passou a chamar-se Mariana, prenome bem português, que lhe fora aplicado no intuito de encaminhá-la mais satisfatoriamente à salvação eterna... segundo a hipócrita convicção daqueles que lho impuseram. Nestas páginas, não obstante, continuaremos a tratar nossas personagens pelos seus nomes de origem, uma vez que, liberais que deveremos ser, respeitaremos o direito que têm eles, ou quem quer que seja, de se nomearem conforme lhes aprouver.

3
_____

Corria normalmente a vida do Dr. Timóteo e sua família desde a última perseguição que fizera sucumbir sua muito amada mulher. Outras refregas se verificaram depois, visto que eram constantes, mas sem grandes prejuízos para os perseguidos e sem perturbações para a sua mansão. Passando agora por cristão, com toda a família, os vigias e espiões da Inquisição observavam que, realmente, frequentavam as igrejas, assistiam a missas, praticavam os sacramentos, submetiam-se aos jejuns decretados pelas bulas, abatiam aves e animais para a sua mesa, não mais sob indicações dos princípios judaicos, mas como o faziam os povos ocidentais, ou antes, os cristãos etc. Os filhos eram instruídos por frades dominicanos,[15] sem que, a bem deles próprios, pudesse o pai se opor à opressão, indo os dominicanos, não raro, à mansão, a pretexto de levar lições extraordinárias, a fim de velarem pela sua fidelidade à nova fé, mas em verdade no intuito de observarem se não se trairiam deixando perceber traços de que "judaizavam" ocultamente, isto é, se praticavam algo que revelasse o culto judaico. A revolta se alastrava, então, facilmente, pelo coração do antigo Rabino, ao qual obrigavam a todas as práticas contrárias às suas tradicionais convicções, e o amargor crescente tocava, muitas vezes, as raias do de-

---

[15] N.E.: Religiosos da Ordem de São Domingos, criada pelo pregador espanhol Domingos de Gusmão, em 1215. Muitos desses religiosos foram inquisidores, sobressaindo-se dentre tantos, pelas crueldades praticadas, o célebre Tomás de Torquemada, inquisidor-geral na Espanha, que, segundo consta, "fez condenar à fogueira mais de oito mil pessoas", e Jerônimo de Azambuja, em Portugal, não menos célebre pelas mesmas crueldades. Domingos de Gusmão, falecido em 1221, foi canonizado pela Igreja em 1234.

sespero, quando compreendia que nem mesmo direitos sobre os filhos podia ter, pois estes eram encaminhados sob princípios religiosos antagônicos com aqueles que desde milênios inspiravam a sua raça, a esta fornecendo aquela convicção inabalável e o heroísmo que, desde os dias de Abraão até o presente, dos hebreus fizeram a raça mais poderosa e moralmente forte na Terra.

Não obstante, Timóteo era homem bondoso, honesto, inofensivo, incapaz de uma vilania, até então nada revelando que desse a supor a odiosidade de que seria capaz futuramente; chefe de família amoroso e respeitável, de hábitos rígidos e decência inatacável. Sua casa, desde que as arbitrárias leis do Santo Ofício obrigaram a tornar-se cristão, abria-se a visitas de fiéis católicos cheios de curiosidade e inveja, os quais, afetando piedade e abnegação, iam a título de animá-los ao progresso na fé, mas, em verdade, para cobiçar os valores que a mansão encerrava, as preciosidades dos mármores do jardim, com seus repuxos e tanques pitorescos rodeados de belas flores, das baixelas e dos cristais, das obras de arte que aos seus salões tornavam cenáculo digno de admiração. Sabendo-o rico, exploravam-no sem pejo, não apenas os dominicanos representantes do Santo Ofício, a pretexto de cobranças de dízimos, licenças, espórtulas para a salvação da sua alma e da alma dos filhos etc., mas também outros indivíduos, tais como fidalgos arruinados, autoridades civis e religiosas etc.

Ora, assim sendo, impossível seria ao infeliz judeu e sua descendência simpatizarem com as opiniões de indivíduos tão desleais e moralmente inferiores, e ainda menos confiarem em uma crença religiosa cujas diretrizes permitissem iniquidades como as que eram aplicadas a ele próprio e aos seus irmãos de raça, por aqueles que dela se propalavam luminares. Ignorava ele que a essência do Cristianismo rezaria exatamente o inverso de tudo quanto a Inquisição proclamava e executava, e que, como doutrina, era antes a mais sublime expressão do amor de Deus e da beneficência para com o próximo existentes sob a luz do sol, e que aquele Cristo de Deus, que reis, papas e dominicanos lhes impunham pela violência e o terror, jamais aprovaria os planos e os meios por que seus pretensos representantes na Terra se orientavam, valendo-se do seu nome, ao qual profanavam, dele se utilizando para o decurso das próprias paixões.

Dentre os comensais da mansão judaica – corvos farejando possibilidades de altos proventos financeiros – destacava-se certo dominicano inquisidor, havia pouco chegado a Lisboa, pela frequência assídua e amabilidades talvez excessivas em torno de toda a família Aboab, ou da família neocristã Fontes Oliveira, como era chamada após o batismo. Tantas amabilidades tinham a particularidade de preocuparem o dono da casa, malgrado a lealdade de que pareciam emanar. A par desse, dois outros havia, amigos íntimos do primeiro, irmãos consanguíneos, gêmeos, e que igualmente se destacavam não tanto pela assiduidade, como pelos constantes protestos de amizade e testemunhos de consideração que aos Fontes Oliveira voluntariamente apresentavam, e que tudo indicava serem verdadeiros, leais. Chamavam-se, o primeiro, frei Hildebrando de Azambuja, prenome que encobrirá, nestas páginas, o de certo teólogo português e inquisidor cruel no reinado de D. João III,[16] e os outros Fausto e Cosme de Mirandela, pois descendiam de antigos nobres italianos.

Pelas tardes dos domingos, frei Hildebrando de Azambuja merendava com seus amigos neocristãos, libando seus bons vinhos e em sua companhia se alegrando na intimidade da mesa de refeições. Associava-se gentilmente aos seus passatempos caseiros, tais como jogos, cânticos, ensaios poéticos etc., então muito em uso nos recintos domésticos; aceitava-lhes as frutas e os refrescos, louvando sem constrangimentos o cavalheirismo dos anfitriões, no que era secundado por Fausto e Cosme, caso se encontrassem estes presentes. Ester, meiga e linda como a rosa em botão, simples e virginal como a rola casta das florestas solitárias do Hermon, não obstante raramente se associar às reuniões dos homens, como de uso entre as fa-

---

[16] N.E.: Jerônimo de Azambuja, célebre e cruel Inquisidor-mor e teólogo, de Portugal, também conhecido pelo pseudônimo de *Oleastro*, ao tempo de D. João III. Nomeado inquisidor em Évora, em 1552, só em 1555 se transferiu para Lisboa.

mílias hebraicas antigas, sempre que presente Hildebrando, era incluída nas mesmas, intentando desviar observações deste a respeito dos hábitos raciais, cantando para os hóspedes de seu tio doces e sugestivas canções da Espanha, da Itália e mesmo de Portugal, acompanhando-se suavemente à cítara, porquanto vinha recebendo tão boa educação social e instrução tão vasta para a época, que frei Hildebrando, de uma das vezes em que a ouvira, sorrindo e fitando-a com olhar ardoroso, exclamou:

— Muitas princesas da Espanha e de Portugal não obtêm tão adiantada instrução quanto a vossa, menina Mariana! Para que há de a mulher adornar-se tanto intelectualmente, se os seus compromissos com a sociedade são tão limitados, dispensando culturas?...

E, voltando-se para o antigo Rabino, prosseguiu:

— Cuidado, amigo Silvério! A mulher, se se embrenha pelas letras, ultrapassa o homem na potencialidade criadora, podendo derribar o próprio mundo, com as astúcias e encantamentos de que se faz acompanhar... Não vos esqueçais de que constantemente o demônio a inspira...

Riram todos, encaminhando para nível humorístico a impertinência do dissimulado representante da Inquisição, ao que, em seguida, retirando dos lábios o comprido cachimbo que lhe era inseparável amigo, retorquiu o dono da casa:

— Mariana é órfã e pobre, meu caro D. Frei Hildebrando! Precisaremos habilitá-la para quaisquer emergências desagradáveis que possam advir, depois da minha morte!... Instruindo-se, poderá tornar-se preceptora em casas abastadas, ocupando lugar honroso, ao abrigo da miséria...

O dominicano, porém, não quis compreender as judiciosas observações do bom homem e alongou a impertinência:

— Como assim, meu caro amigo e senhor?... Não sois, então, riquíssimo?... E porventura vos negaríeis a conceder um dote, uma herança à vossa sobrinha órfã?... Consta-me mesmo que a gentil Mariana desposará seu primo Henrique, vosso primogênito... Para que, pois, obrigá-la ao sacrifício de tão profundos estudos quando só a religião bastaria para orientá-la nas tarefas a cumprir dentro do lar, e quando sua idade requer plena satisfação dos sonhos que certamente lhe fervilham na mente e no coração?...

Timóteo – ou Silvério – era caráter ponderado e vigilante. Nascido na opressão, vivendo longe da sua pátria tradicional, acossado por múltiplos perigos advindos da perseguição religiosa, e, por tudo isso, habituado a conter os próprios impulsos de revolta e ímpetos de violência, virtude racial desenvolvida no martirológio milenar de continuadas opressões e cativeiros, e igualmente possuindo boa educação social, respondeu ao insofrido interlocutor, entre um meio sorriso de brandura, não isento de secretos receios:

— Tendes razão, meu caro D. Frei Hildebrando, tendes, como sempre, razão! Conquanto eu já não seja riquíssimo, como vossa bondade de mim supõe, pretendo, efetivamente, prendar minha sobrinha com um dote, case-se ela ou não com o meu filho Henrique... Não obstante, nos dias em que vivemos, quando tantas surpresas nos envolvem, tudo será possível acontecer... Temo que, de uma para outra hora, algo de funesto a mim próprio suceda, deixando-a desamparada... Os bens de fortuna são efêmeros, temporários: poderão faltar-nos a qualquer momento, se os possuímos, e por qualquer circunstância... Somente os bens morais e intelectuais são de nossa definitiva propriedade... lá reza a sabedoria de todos os povos... por isso mesmo, educo Mariana com a fortuna do saber, tesouro imperecível que jamais lhe será arrebatado... De outro modo, peço vênia para observar que a instrução proporcionada à minha sobrinha não ultrapassa a que se ministram às damas destinadas a se tornarem preceptoras, ou aias professoras, das casas abastadas...

— Magoa-me profundamente ouvir-vos, amigo Silvério! Que desagradáveis surpresas poderiam advir para vós e vossos filhos, se há dois anos sou vosso amigo e protetor de todos os dias, disposto a evitar quaisquer contratempos que possam ainda assaltar-vos?... Não confiais, então, em nós outros, quando tão desvanecedoras provas de estima e solidariedade vos temos concedido?... Não possuís, porventura, cartas de recomendações protetoras, fornecidas por Sua Santidade, para garantias vossa e de vossa família, que tão nobremente aceitou a única fé verdadeira?... Não estamos, ao demais, ao vosso dispor, resguardando-vos, em quaisquer emergências, dos zelos tão justos da nossa Santa Inquisição, que só o que deseja é a salvação das almas infiéis?... E por que temer novas perseguições, se agora sois dos nossos adeptos fiéis da única Igreja verdadeira do Universo?...

Timóteo deixou escapar do peito angustiado um profundo suspiro, que não passou despercebido à argúcia do ilustre dominicano, e, enquanto se erguia a fim de chamar um escravo,[17] respondia, algo pesaroso, entristecido e enigmático:

— Tendes sempre razão, D. Frei Hildebrando, tendes sempre razão! Sim, eu confio em vós outros porque me honro de ser vosso amigo leal e entendo que, assim sendo, sereis igualmente meus leais amigos... Todavia, insisto: nos dias correntes tudo será possível acontecer... a despeito da vossa bondade de amigos e à revelia dela...

Chegaram vinhos, frutas açucaradas, refrescos e cordiais. E, enquanto os visitantes se deliciavam ante a prodigalidade e fineza dos donos da casa, a bela judia pegava novamente da cítara e continuava a doce tarefa de embevecer-lhes a audição com outras canções do seu repertório, nostálgicas e lindas...

***

---

[17] N.E.: Os judeus, mesmo convertidos, não conseguiam criadagem entre os cristãos. Apelavam então para a escravatura, sempre existente entre outras raças não cristãs ou judaicas.

Dramas da obsessão

Frei Hildebrando de Azambuja foi, em princípios deste século, aquele infeliz Leonel, reencarnado, aquele jogador, incrédulo e suicida, cujo drama íntimo obrigava a nós outros, Espíritos assistentes, médiuns e espíritas cooperadores, ao trabalho de que damos notícias ao leitor nestas singelas páginas; e Fausto e Cosme de Mirandela dois dos seus filhos, que foram quase suicidas, salvos a tempo da odiosa tentação.

* * *

No entanto, o que era bem certo é que nem Timóteo confiava em Hildebrando e seus sequazes, nem Hildebrando e seus sequazes estimavam Timóteo e família e ainda menos acreditavam na sua conversão à fé católica. Ambos, intimamente, nutriam um pelo outro desconfiança inquietadora, sentimento hostil e antipatia pessoal perigosa, que a um observador levaria a compreender que não tardaria muito que tal mal-estar oculto explodisse em desajustes irremediáveis, arrastando uma daquelas perseguições individuais ilógicas, absurdas, incompreensíveis, com que os séculos inquisitoriais afrontaram a posteridade. O de que nenhum dos dois, porém, duvidava era que, desse antagonismo, dissimulado, de um lado, pela boa educação social e o terror, e, do outro, pelos interesses inconfessáveis, quem levaria a melhor seriam frei Hildebrando e seus apaniguados, visto que nenhum judeu confesso ou convertido à Igreja de Roma estaria em condições de medir forças com inquisidores e vencê-los, ainda que a razão e a justiça estivessem de seu lado...

4

O incidente que acabamos de descrever tivera o condão de inquietar o antigo Rabino e seus filhos. Todavia, comedidos e discretos, de início não revelaram as íntimas impressões, a fim de mutuamente não se desgostarem. Joel, o primogênito dentre os três irmãos, chamado Henrique após o batismo, desde algum tempo não considerava tranquilamente as atitudes excessivamente amáveis do inquisidor para com a sua Ester. Observava-o e, frequentemente, distinguia-o seguindo a jovem com olhares ansiosos, medindo-lhe a silhueta em indiscrições muito ofensivas para uma dama, e profundo terror se apoderou do coração do adolescente, cujo nobre sentimento de afeição pela prima tocava as raias da veneração.

Por outra noite de domingo, quando as mesmas indiscrições eram observadas pelo jovem Joel, pois, como sempre, Hildebrando exigira de Mariana as formosas canções, e após as ruidosas despedidas dos clérigos, já bastante excitados pelos vinhos das adegas dos judeus, Joel, incapaz de calar por mais tempo as desconcertadoras impressões que o desorientavam, trocava confidências com o pai:

— Temo por nossa Ester, ó meu senhor e pai! Frei Hildebrando é concupiscente e devasso... Sabemos que muitas jovens da nossa raça hão sido imoladas sob seus desregramentos sexuais, antes que a tortura dos tratos inquisitoriais e das fogueiras para sempre as libertassem da vergonha a que se viram atiradas... Suspeito desse dominicano cruel, que passa por ser o nosso amigo mais dedicado entre os cristãos, que o que deseja antes de tudo é a posse de minha Ester... e as mais aflitivas apreensões meu coração vem sufocando em silêncio, a tão abominável sugestão... Pressentimentos sinistros acovardam-me a alma... Não poderemos tentar sequer a reação, que seria infrutífera, porquanto, quer os inquisidores, quer as autoridades civis, são todos nossos desumanos inimigos... Reagir, algo tentar em nossa defesa seria precipitar represálias que ainda poderão demorar a chegar até nós pelos processos rotineiros... E se ainda nos ferissem a um, somente... a mim, por exemplo, seria passável... mas os desalmados estendem a crueldade ao máximo do inconcebível, atingindo primeiro ao inocente a quem amamos e que nos ama, para mais ferazmente[18] nos vilipendiar e torturar... tal como fizeram à nossa mãe e a vós...

— Cala-te, meu filho, por quem és! Não reavives feridas que precisarão cicatrizar...

— Que fazer, pois, ó meu senhor e pai, em defesa de Ester, em nossa própria defesa?...

O atribulado israelita meditou durante alguns instantes para, finalmente, cedendo ao seu pendor pacífico, advertir:

— Daí, meu filho, poderá também acontecer que ambos estejamos ajuizando precipitadamente do pobre frade, o qual, a bem da verdade o deveremos declarar, vem testemunhando boa consideração a todos nós... A prevenção que intoxica o nosso coração, a lembrança do amargo pretérito em que sucumbiu tua mãe, tantos e tão rudes acontecimentos que vimos presenciando acerca dos nossos infelizes compatriotas terão criado em nossa mente o mórbido pavor que nos torna hostis para com os pobres clérigos nossos amigos, os quais até

---

[18] N.E.: Muito produtivo, abundante; fecundo fértil.

agora nenhum dano nos causaram... visto que Cosme e Fausto são recém-ordenados e frei Hildebrando apenas há dois anos chegou a Lisboa como Inquisidor-mor... Tenhamos antes paciência e confiemos nos poderes do "Santo dos Santos"...[19]

Joel baixou a fronte em uma atitude respeitosa, sem querer contestar o pai, mas demonstrando, no silêncio mantido, a não aprovação aos conceitos ouvidos. De súbito exclamou novamente, os olhos brilhantes, a voz animada como se uma centelha de esperança o fizesse vislumbrar a solução desejada:

— E se fugíssemos para a Itália, onde, ao que afirmam, nossos compatriotas vivem em segurança?...

— Confesso que tenho maturado seguidamente nessa possibilidade, meu Joel... mas fugir, propriamente, não acredito que o possamos fazer... Obtermos, porém, uma licença, uma dispensa, ou o quer que seja que as leis exijam, que nos permitam deixar o Reino, sim, deveremos pensar nessa possibilidade...

— Sim, sim, meu pai! Rogo-vos penseis nesse alvitre com insistência, a fim de o realizarmos sem demora...

— Tentarei novamente obter agora o que não consegui há alguns anos... Quando da primeira perseguição sofrida, tentei fazê-lo, desejando libertar Arammza do que, finalmente, veio a acontecer... mas frustraram-me as esperanças! O Santo Ofício, apaniguado com as leis do país, dir-se-ia conhecer, porque as aplica, todas as artimanhas de Belzebu, para desgostar e castigar os hebreus... Aliás, consentem, às vezes, que nos retiremos do Reino, mas impedem que carreguemos nossos bens... Tomam-nos os haveres, confiscam-nos! E como sairemos, assim votados à mais extrema miséria?...

---

[19] N.E.: Deus.

— Tentemos sempre – insistiu o moço. – Não nos será possível permanecer nessa impassibilidade quando tantas apreensões nos assaltam...

— Tenho em mente – prosseguiu Timóteo – tentar o nosso afastamento daqui lenta e dissimuladamente, porquanto estou certo de que não nos deixarão partir de outra forma... Tentarei um salvo-conduto para ti e Saulo a título de mandar-vos a Roma, tratando de completar vossa instrução artística... bem assim para agradecer a Sua Santidade os favores que nos hão sido dispensados para que não mais nos perseguissem... Mais tarde encontraríamos meios de mandar Ester, e depois eu e Rubem seguiríamos...

— Mas... Ester permanecerá aqui sem minha vigilância?... Vós, meu pai, viveis assoberbado de múltiplos afazeres, não podereis prestar assistência a tudo...

O Rabino sorriu e acrescentou, compreendendo os zelos do jovem, profundamente enamorado da formosa prima:

— Visitarei, dentro de alguns dias, solicitando uma audiência, a senhora condessa de Faro, a qual muito amavelmente se prestou a servir como madrinha de Ester, quando do batismo desta na fé católica, que nos foi imposto... Como sabes, não há ela desprezado ocasião de proteger a afilhada, favorecendo até mesmo a sua educação entre as freiras de São Domingos, interessando-se vivamente por tudo quanto lhe diz respeito. Narrar-lhe-ei, confidencialmente, nossos terrores e observações e suplicarei sua proteção, ainda uma vez, para a afilhada... a qual permanecerá em sua companhia até que seja possível retirá-la de Portugal... A condessa é pessoa considerada entre a nobreza e até entre a realeza... e Ester, necessariamente, estará defendida pela sua respeitabilidade... Não creio que tão ilustre quão respeitável dama se furte a assistir aquela por quem se tornou responsável perante Deus, segundo rezam as leis da sua própria crença religiosa, em uma emergência crítica... E, assim sendo, impossível será a frei Hildebrando, ou outro qualquer falso amigo, algo promover de prejudicial muros adentro da residência de tão admirável senhora...

Não obstante presa de insopitável constrangimento, Joel aprovou a programação engendrada pelo cérebro apavorado do pai, visto que incapaz se reconhecia de algo apresentar superior ao que ouvira. Todavia, não conciliou o sono aquela noite senão pela alta madrugada. Insólita inquietação cruciava-lhe o coração, como se funéreos pressentimentos o advertissem da aproximação de irremediáveis borrascas.

5

O moço hebreu amava Ester desde menino, quando a orfandade, tornando-os desditosos, unira a sua infância para solidificar um elevado sentimento de amor, que resistiria à desesperação de todas as dores advindas da perseguição religiosa, das impossibilidades e da ausência, desafiando os séculos para se firmar como virtude imortal que os guiaria a todas as demais conquistas morais indispensáveis ao progresso pessoal. Para ele, Ester seria o bem supremo da vida, sua mais doce esperança de felicidade, sua ardente fé no porvir, a mais sagrada e santa aspiração, pelo bem de quem não vacilaria em imolar a própria felicidade e até a vida. Um gesto afetuoso que ela lhe dirigisse, um olhar mais acariciador, um sorriso porventura ainda mais terno que os costumeiros eram dádivas preciosas e inesquecíveis, que ele gostava de recordar em noites de insônia, quando as ânsias do amor inquietavam a sua alma impelindo-a aos mais lindos sonhos que pudessem florescer em um coração de 20 anos! Então festejava em doces poemas as graciosas atitudes que tão bem calavam em seu espírito, e, já no dia seguinte, enternecido e tímido, oferecia-os à jovem prometida, depois de trasladá-los para grandes páginas de legítimos pergaminhos, habilmente ornamentadas de caprichosos desenhos e arabescos então muito usados para a literatura, acompanhados sempre das mais belas rosas existentes pelos quintais e jardins da melancólica mansão. Se, todavia, a sós consigo, se permitia devaneios tão ardentes, junto da linda jovem portava-se acanhadamente, tal o adolescente incapaz de um monossílabo ante a senhora inspiradora dos seus primeiros arrebatamentos. Preferia antes ouvi-la cantar, para admirar, em silêncio, as suas feições delicadas, como se contemplasse, efetivamente, a própria encarnação da felicidade. Jamais se atrevera a beijar-lhe sequer a ponta dos dedos ou os anéis dos cabelos... porque em sua presença sentia-se réprobo pelo simples fato de ser homem e considerá-la um anjo, o bom gênio de todos os Aboab, causa única da felicidade íntima e do íntimo encantamento que balsamizava as apreensões da velha mansão judaica.

Ester, efetivamente, merecia a profunda adoração de que se reconhecia alvo por parte da família. Residindo na companhia do tio desde os 6 anos, fora bem verdade que desde a mesma época a todos se impusera pela superioridade moral de que era portadora. Desde então fora como que mãe desvelada: acalentando o pequenito Rubem, órfão de mãe aos seis meses; divertindo Joel e Saulo com as belas canções que já sabia entoar ou fazendo rir o tio com suas graças de criança amável e inteligente, tal se desde o início da existência houvera compreendido que seu dever de mulher seria, acima de tudo, amar e proteger, tornando-se esteio imarcescível, dentro da própria fragilidade, daqueles varões a quem os desenganos e as lágrimas haviam crestado o coração, por assim dizer, ao pé do berço.

Entrementes, Ester era cristã convicta, sem que a família o suspeitasse, sincera e enternecidamente amando aquele doce Rabboni que morrera supliciado em uma cruz, entre dois infelizes desajustados do Bem. A convivência com duas bondosas freiras dominicanas, que, por influências da madrinha, a guiavam na instrução religiosa, florescera em virtudes, permitindo à menina entrar em conhecimentos diretos com as leis e a história do Cristianismo primitivo. Ela compreendeu e assimilou tão bem a redentora doutrina do Messias que fácil fora ao seu coração raciocinar que – a Inquisição era uma criação humana, inspirada na ambição e nas paixões pessoais, a antítese daquilo que ela diariamente compreendia e admirava mais; era o escárnio, o crime, que selvagemente se apropriavam do valor incontestável do nome de Jesus Nazareno para servirem às torpezas dos homens, em prejuízo da própria doutrina por aquele ensinada. Tal segredo, porém, era absolutamente seu e ela o guardava cuidadosamente no recesso de sua alma angelical, que somente com o próprio Jesus se confidenciava, durante as orações da noite, quando então descerrava o coração para que apenas Ele contemplasse os seus verdadeiros sentimentos, dele recebendo então suaves eflúvios de ânimo e esperanças... Pelas tardes domingueiras, no entanto, se não advinham visitas ou se estas se retiravam mais cedo, reunia-se a pequena família à sombra das oliveiras e dos tamarindeiros do jardim do discreto solar. Ternamente harmonizados por um vivo afeto, os jovens irmãos e sua prima conversavam e riam ou ouviam Timóteo narrar as arrebatadoras aventuras do povo de Israel: Abraão, Jacó, José, o Egito e o cativeiro sob o poder do Faraó ou de Babilônia eram fases inesquecíveis, cujo noticiário conviria ser passado de geração a geração, como estímulo e lições que se decalcariam indelevelmente no coração de cada descendente da raça... Depois era o *Decálogo*, imarcescível legislação de caráter divino, obtido pelo grande Moisés – o maior vulto da raça e seu maior profeta – em colóquios sublimes com as Potências Celestes, no alto da montanha sagrada do Sinai... E eram a vida e as pregações dos seus amados profetas e sábios... Eram Davi, o rei poeta e bem-amado, de vida fértil e tumultuosa, seus amores, suas vitórias nas guerras... Salomão, o rei sábio e inigualável, que prendara Israel com o Templo sagrado, que tantas honras e consolações espargira, durante séculos, sobre as dores sem-fim do "povo eleito"... E o heroísmo e as virtudes daquelas mulheres de Israel, sempre submissas ao dever, sempre lindas e admiráveis, nos relatórios do eloquente Rabino, tais como a própria Ester, que ali estava e ouvia embevecida... Explicava-lhes, em seguida, as Escrituras, ou o ensino dos profetas, dando-lhes ainda a Lei com o conhecimento do *Talmude*, o livro venerado, que os mais devotados preferiam ler ajoelhados; revelava-lhes a *Torá* e suas recomendações, seguidas de um desfile majestoso da filosofia do povo hebreu, sofredor, perseguido sempre através dos milênios, mas também sempre invencível e fiel às tradições dos seus remotos ancestrais. Então, entusiasmo especial se apoderava do Rabino e o vigor da oratória elevava-se a cada novo lance da sua épica exposição, purpureando-lhe as faces e alterando-lhe a voz como nos antigos tempos da cátedra, em sua sinagoga...

Extasiados, os jovens ouviam em silêncio, mas intimamente orgulhosos por descenderem dessa raça heroica e tão altamente prendada pelas simpatias do Sempiterno, considerando-se, com efeito, superiores em valor moral a todas as demais raças da Terra. E quando a voz entusiasta de Timóteo estacava e seus olhos se inundavam de comovidas lágrimas de veneração à sua raça, Ester aproximava-se. Tomava a cítara dolente e cantava docemente Salmos do Rei poeta, aquele inesquecível e vitorioso Davi, encerrando com selos de ouro tão formosos serões domésticos à sombra dos arvoredos do jardim.

A despeito de tudo, porém, jamais se sentiam edificados e confiantes, senão amargurados e temerosos, pois sabiam que uma constante, sinistra ameaça pesava sobre suas cabeças infelizes, como se advertências invisíveis notificassem às suas consciências que uma grande e irremediável fatalidade se aproxima. Sabiam que a confortadora intimidade que se permitiam assim, para dilatarem os oprimidos corações no culto sincero à crença que amavam, era prevista como infração gravíssima e rebeldia, nos códigos da Inquisição, passível de condenação e torturas, quiçá da morte pelo fogo. Era "praticar o Judaísmo", podendo levá-los ao cárcere perpétuo na melhor hipótese, e mais certamente à morte, sob a agravante de já se encontrarem eles batizados e considerados conversos à fé católica. No entanto, a vida e a história arrebatadora de Israel achavam-se gravadas em suas almas com as impressões de um sentimento tão profundo que eles se esqueciam dos perigos que corriam para se permitirem o consolo supremo de cultuarem o Deus Todo-Poderoso e Único – o Deus de Israel – conforme as efusões sacrossantas dos seus corações e a tradição da raça o exigiam. Por isso mesmo, sempre que tais serões se verificavam, Joel e Saulo procuravam aferrolhar os portões e até examinavam armários e arcas de uso: – não fosse algum escravo indiscreto, feito espião do Santo Ofício, se atrever a espreitá-los! Todavia, pelas datas veneradas dos hebreus – a Páscoa, o dia da Expiação, o Ano-Novo, a Festa dos Tabernáculos etc. –, sempre descobriam meios de realizar comemorações condignas, fosse em sua própria casa ou alhures, pelos domicílios de velhos companheiros, onde existiam sinagogas regulares, embora clandestinas. Em ocasiões tais, o rabino Aboab, culto e eloquente, teria ocasião de exercer o seu mandato de sacerdote hebreu. Discorria então brilhantemente, como o faria da cátedra de uma sinagoga livre, concedendo ainda a palavra àqueles que igualmente desejassem interpretar os conceitos das Escrituras, tal como de uso nos Templos de Israel...

Conheceria frei Hildebrando de Azambuja esse acervo de infrações cometidas pelos seus amigos neocristãos, contra as leis da Igreja a que servia?...

Sim, certamente, mas em parte, visto que sua vigilância acerca dos Fontes Oliveira, como de muitos outros convertidos, era rigorosa, tenaz, sistemática, dissimulada, cruel! Sim, conhecia, mas não havendo ainda nenhuma denúncia contra os mesmos, e, ao demais, esperando arrecadar altos proventos pessoais das relações de amizade com aqueles de quem se propalava amigo, não cuidava de persegui-los e nem mesmo os advertia da inconveniência de estarem "judaizando" quase que ostensivamente, sem o temor e o decoro que se faziam mister na sua situação. Os proventos, ele, efetivamente, os ia arrecadando em somas avultadas, para obtenção de indulgências em benefício de toda a família, celebração de missas para salvação de suas almas etc. Sua ambição pelo ouro e as riquezas em geral não conhecia limites! Compreendiam, Timóteo e os filhos, que frei Hildebrando valia-se da qualidade de religioso para lhes extorquir os bens, e que a fortuna que lentamente arrecadava era destinada aos seus cofres particulares, e jamais a obras pias ou beneficentes. Enchiam-se, pois, de amargor os aflitos hebreus, cujo agarramento aos bens materiais seria tão absorvente como o do mesmo frade!

Achavam-se, pois, nessa tensão suspeitosa de ameaças mais graves as relações entre a família hebraica e os inquisidores que se diziam seus amigos, quando, em outra noite de domingo, durante a ceia em casa de Timóteo, exclamou este para Hildebrando, encontrando-se presentes Fausto e Cosme, bem assim toda a família Aboab:

— Meus caros amigos – disse, enquanto os brindou com o copo de vinho à destra –, um favor desejo solicitar de vós neste momento, com cuja concessão provareis ainda uma vez a fiel solidariedade e boa afeição que a mim e aos meus vindes generosamente testemunhando...

Entreolharam-se os religiosos, pousando sobre a mesa o copo já vazio, e fitaram o anfitrião, interrogativos. Este continuou, serena e pausadamente, mas infiltrando no diapasão vocal uma súplica que seria patética ao entendimento de outrem que não fossem os inquisidores, habituados a detestarem intransigentemente, sem maiores razões, os descendentes do "povo eleito":

— Meus filhos Henrique e José desejam ardentemente aperfeiçoar estudos de Pintura e Arquitetura em Roma, pois se dedicam a essas artes com sincero entusiasmo, como sabeis, ao mesmo tempo em que tencionam agradecer a Sua Santidade as muitas mercês que nos vem concedendo desde há algum tempo... Sabemos, no entanto, que não nos será lícito sairmos daqui, embora temporariamente, sem a devida autorização do Estado e o salvo-conduto da diocese... porquanto, a não ser assim, pareceria tratar-se de uma fuga, o que não corresponderia à expressão da verdade... Estou solicitando, portanto, da vossa proverbial afabilidade, a obtenção do necessário para que meus filhos possam seguir o mais breve possível...

Pesado silêncio acolhia a humilde rogativa, enquanto Aboab e os filhos, de olhos indagadores, ansiosos, fitavam os comensais. Talvez ignorasse o velho Rabino que tal pedido a inquisidores seria uma confissão de que temiam a perseguição e desejavam fugir por uma forma legal, e que, portanto, não só não se haviam verdadeiramente convertido à fé católica como até entendiam que – mais valeria se arriscarem todos à aventura de uma retirada clandestina, embora considerada legal, do que permanecerem sob a sinistra vigilância daqueles em quem reconheciam ferazes inimigos. Talvez ignorasse ainda que, com autoridades mais imparciais, obteria sem muitas dificuldades o que pretendia, desde que favorecesse largas propinas, e não recorrendo a amigos suspeitos. Ou, certamente, aos Aboab em geral atraísse um desses destinos irremediáveis pela vontade humana, uma expiação inalienável com bases em um passado reencarnatório remoto, tornando-os alheios ao erro que praticavam com semelhante solicitação, uma vez que desconfiavam da lealdade dos mesmos comensais. O certo foi que, ao cabo de alguns minutos, que aos hebreus se diriam séculos, durante os quais o silêncio se tornou opressivo, Joel – ou Henrique –, insofrido, inquiriu de Hildebrando, arriscando-se a censuras azedas diante de autoridades respeitáveis, como o eram o grande Azambuja e seus acólitos, pois muito jovem ainda era para o atrevimento de se insinuar em uma conversação do pai, interrogando personagens a quem antes deveria apenas ouvir:

— Não respondeis, Sr. D. Frei Hildebrando?... Aguardamos...

Quem suspeitaria a conflagração interior daquele caráter sombrio de inquisidor, cujo coração se precipitava inconvenientemente, em presença da prometida desse adolescente?... Que estranhas, singulares forças telepáticas se comungariam naquele ambiente, onde vibrações antagônicas se chocavam, em combates que pressagiavam tragédias seculares para seus expedidores?... Que misteriosa atração unia essas personagens que intimamente se detestavam, mas que se ligariam, por isso mesmo, umas às outras, através de destinações futuras, sem jamais se poderem libertar?...

Certamente que seriam os laços do pretérito! Consequências de ações reprováveis que se distenderam de vidas remotas para existências do momento, alongando-se, por isso mesmo, mais tarde, em dolorosos epílogos futuros! E talvez até mesmo os excelentes vinhos dos Aboab, de uma forma acidental, houvessem perturbado o raciocínio de Hildebrando, dando causa a novos séculos de lutas fratricidas, pois que, voltando-se para o jovem interlocutor, respondeu imoderado, agressivo:

— Ah, sim?... Esperas a resposta?... Não herdaste a lhaneza de teu pai, pois ele não exigiu imediata solução ao grave problema que acaba de propor... Tu, aperfeiçoares estudos em Roma?... Desde quando os malditos descendentes de Caim se dão ao luxo de se tornarem artistas?... Enganas-te, pequeno herege, supondo-me tão simplório que não compreenda, claramente, que o que tu e os teus sonhais é a libertação da nossa fiel e benévola vigilância a fim de retornardes ao culto detestável dos teus avós, membros da família do Iscariotes... Vai, segue para Roma...

Torna-te um novo Rafael ou, se puderes, suplanta Michelangelo nas vocações artísticas... Mas seguirás sem os haveres de teu pai... Deixarás em Portugal quanto possuíres... E nem se permitirá que recebas mesadas idas daqui... Nada levarás, nem mesmo tua noiva, para que se torne tua mulher...

Acirrado debate seguiu-se então entre o jovem estudante e o frade. Insultos foram trocados com rancor e violência, ambos atirando à face um do outro o fel que desde muito lhes amargurava o coração. O nome de Ester, pronunciado várias vezes por Azambuja, que já não podia ou não queria ocultar o segredo que lhe tumultuava o peito, tornou-se o ponto central da precipitosa altercação, a qual ia revelando, de um lado, o despeito que desde muito amesquinhava o íntimo do inquisidor, do outro, o ciúme mortificante, temeroso das represálias do futuro. E ambos os antagonistas, esquecidos dos princípios da boa educação que deveriam continuar cultivando, deixavam-se levar pela cólera a ponto de se levantarem da mesa, aproximando-se um do outro para melhor se insultarem.

Aflito, Timóteo insistia em conter o filho, chamando-o à razão, exigindo dele que se calasse, rogando-lhe apresentasse escusas e pedisse perdão ao "amigo" a quem toda a família tantos "benefícios" devia... Em vão Saulo igualmente tentava interpor-se entre os dois litigantes a fim de seraná-los, afastando para longe o irmão, cuja revolta, comprimida desde muito, agora crescia sob os insultos do religioso. Joel, porém, muito jovem e impetuoso, caráter viril subjugado por inalterável opressão desde a infância, e, ao demais, exasperado ante a desfaçatez e a deslealdade daqueles que se infiltravam como amigos para melhor os atacarem e destruí-los, lançava aos ares toda a repulsa por que se sentia invadir, confessando desassombradamente aos padres o asco e o horror que eles próprios e sua crença lhe inspiravam. Em dado instante, ouvindo do adversário um insulto mais chocante, Joel atira-lhe no rosto os restos do vinho de um copo pegado ao acaso, sobre a mesa, em um supremo desafogo. Perplexos ante a ofensa tão grave e audaciosa, os três religiosos nada conseguiram dizer nos primeiros momentos, emudecendo de surpresa. Todavia, de súbito, um punhal brilhou nas mãos de Hildebrando, retirado de sob as dobras da sotaina... três punhais luziram nas mãos dos três representantes do Santo Ofício, que se dispuseram a avançar para o agressor a fim de lhe cobrarem bem caro a ousadia, enquanto o velho Rabino procurara defender o filho, interpondo-se entre ele e os atacantes, e Saulo, na timidez dos 17 anos, deixara ouvir aflitivos brados de terror... mas eis que Ester intervém, surpreendida e conciliadora, conseguindo, não sem grande esforço, aplacar a excitação geral... Os punhais, então, voltaram a se esconder sob as sotainas negras, depois de ferirem levemente Joel e Timóteo... Um sorriso enigmático, suspeitoso, crispou os lábios do terrível Azambuja, o qual, dirigindo-se à linda hebreia, verberou, traindo ódio execrável no tono vocal:

— Chegaste em momento preciso para fazer-me refletir, bela menina... Não, nada de violência!... Devo humilhar-me e ponderar... Será imprescindível que a razão se conserve absolutamente do meu lado... Saberei obter melhores oportunidades para a desforra deste imperdoável insulto!... Oh! e saberei escolhê-las! Tua dedicação acaba de salvar a vida a teu noivo... Sim, linda flor, tu o amas! No entanto, juro pela minha honra de dominicano que não vos pertencereis jamais! Vejamos, encantadora heregezinha, se algum dia o teu prometido poderá retribuir o favor que lhe acabas de prestar...

Completou a despeitada arenga com uma gargalhada insultuosa, voltando-se em seguida para os companheiros e prosseguindo, trágico, afetando mágoa profunda:

— Afastemo-nos deste antro, caros irmãos, o qual em mal inspiradas ocasiões temos frequentado... Nada mais temos a fazer na intimidade destes ingratos, cujos umbrais se cerraram para nós... Sois testemunhas da afronta que me infligiram... a mim, Inquisidor-mor de Portugal!... E como fui desrespeitado, menosprezado, quase assassinado por estes malditos judeus!...

Encaminhou-se para a porta de saída, seguido de Fausto e de Cosme. No auge da aflição, Timóteo tentou detê-los, apelando para a velha amizade que os unia, mas foi em vão. Sem mais uma palavra, mudos e com as feições alteradas pelo ressentimento, suspenderam os capuzes, cobrindo as cabeças... e lá se foram – aves agourentas e vorazes, corvejando novas presas para seus macabros festins, enquanto os portões da mansão rangeram os velhos ferrolhos às suas costas...

Qual o condenado às vésperas do suplício, o infeliz Rabino deixou-se cair sucumbido em sua costumeira poltrona, ocultou entre as mãos o rosto alterado pela angústia e, entregando-se a mortificante pranto, exclamou, para os filhos, as palavras entrecortadas pela aflição:

— Sim, estamos perdidos! A desgraça entrou irremediavelmente, hoje, em nossa casa! Meus pobres filhos, minha pequena Ester, que estará reservado, ainda, para vós?...

No entanto, uma sugestiva e doce voz, como o prelúdio dos anjos ensaiando glorificações aos complacentes Céus – a voz de Ester – dominou a dramaticidade do momento, para que um raio de esperança e refrigério suavizasse as trevas em que se sentiam mergulhados aqueles que tão caros eram ao seu coração. Ela orou com meiguice e simplicidade, como lhe era habitual. E ao som dolente da cítara que ela tanto amava, Timóteo e os filhos ouviram o sussurrar predileto, que outrora, em milênios passados, acalmaria também as aflições do rei Davi:

O Senhor é o meu Pastor,
E nada me faltará...
A suaves campos me guiou
E me conduziu a fontes
De água fresca e pura...

O Senhor converteu
A minha alma,

Tornou-a humilde
E agradecida...
Elevou-me por estradas justas
Por amor do seu nome...

Ainda quando eu me desvie
Pelo vale da dor e da morte,
Não temerei males,
Porque Tu, meu Deus,
Estarás comigo!

A tua proteção,
A tua vigilância,
Eu sei que me acompanharão!
E a tua misericórdia irá
Após mim,
Docemente me inspirando
Em todos os dias
Da minha vida,
A fim de que
Eu permaneça
Sob a luz da tua bênção,
E também da tua paz,
Pela eternidade
Dos tempos...[20]

* * *

As doze badaladas da meia-noite ressoaram lúgubres, impressionantes, qual o lamento funéreo de uma despedida, pelos ares de Lisboa adormecida, em um campanário próximo...

---
[20] N.E.: Adaptação do *Salmo* 22, de Davi.

6

O encantamento sugerido pela prece do velho Rei, se tivera a virtude de encorajá-los para as peripécias do futuro, que agora mais do que nunca se pressagiava trevoso, não pudera, no entanto, extrair dos seus corações a profunda conturbação da desolação, prenúncio infalível de momentos decisivos que rondam os homens nas provações terrenas, espécie de pressentimentos ou avisos do que realmente advirá. Perplexos ante os acontecimentos, os três homens não ousavam elevar a voz para qualquer comentário, enquanto Rubem, o mais jovem dentre os filhos, detinha os próprios soluços, aterrorizado, aconchegado ao seio da prima. O velho Aboab, justiceiro, reconhecia que a impetuosidade do filho, seu desrespeito exigindo esclarecimentos imediatos, os quais somente a seu pai competiria solicitar, dera causa ao incidente, quando não apenas a boa educação, mas também os deveres de hospitalidade, a respeitabilidade dos visitantes, a vantajosa posição social destes aconselhariam a máxima prudência e toda a vigilância para que jamais as boas relações fossem alteradas entre eles próprios e os ditos religiosos. Ao demais, Joel era um adolescente, contava apenas 20 primaveras, não lhe competindo, portanto, dirigir-se com impertinência a um hóspede cuja idade roçaria pela do seu próprio pai. Entretanto, não se permitia admoestar o primogênito. Compreendia-o acabrunhado, o coração inquietado por emoções penosas e não quisera agravar os seus sofrimentos inutilmente. O moço judeu, porém, em dado momento, como em um murmúrio revelador das pungentes ilações que em seu íntimo se multiplicavam, desfez o silêncio:

— Perdoai-me pelo desgosto que vos acabo de causar, meu senhor e pai! – disse. – Reconheço-me culpado! Será justo, portanto, que advenham para mim as consequências do erro praticado... Arrependo-me das atitudes tomadas... Deveria sofrear impulsos, comedir revoltas, padecer resignado, porque, afinal, não deixamos de dever favores a estes homens! Espero, no entanto, que venham represálias contra mim somente... E, em verdade, se é necessário uma vítima para aplacar as iras dos nossos eternos algozes, que seja eu, e não um de vós. Eu não suportaria assistir aos vossos tormentos...

Aboab, que conservava a cabeça apoiada nas mãos, ergueu para os filhos os olhos marejados de pranto, advertindo, cheio de razão:

— O desastre viria mais cedo ou mais tarde, meu pobre Joel! Se não fora provocado por ti o incidente, sê-lo-ia, inadvertidamente, por um de nós ou por outra qualquer circunstância... Jamais Hildebrando conseguiu iludir-me! De nós todos, o que ele apenas deseja é a posse de Ester e de nossa fortuna! Matar-nos-á no dia em que puder obtê-las!...

Deteve-se um instante e continuou, enquanto o jovem pintor mediu a sala em passadas regulares, que os tapetes amorteceram:

— Estive a pensar em que seria preferível humilharmo-nos ainda uma vez, penitenciando-nos publicamente, por havermos ofendido frei Hildebrando, pagarmos uma indenização e rogarmos seu perdão...[21]

Os dois jovens protestaram, porém, coléricos, pela primeira vez contrariando uma decisão paterna:

— Nunca, meu pai! Jamais deveremos submeter-nos a tão penosa humilhação! Preferimos a morte, antes de nos penitenciarmos, rastejando de opróbrio pelo favor de um miserável, como Hildebrando de Azambuja, que nos amesquinhará até a degradação!...

---

[21] N.E.: Muitas vezes os judeus denominados "cristãos-novos" eram obrigados a penitências públicas humilhantes, grotescamente vestidos e empunhando tochas.

Dramas da obsessão

Timóteo, porém, levantou-se, exteriormente sereno como os sofrimentos o ensinaram a conservar-se, e, pousando a destra no ombro do primogênito, replicou:

— Assim julgas, meu pobre Joel, porque ignoras ainda, mercê do Altíssimo, o que seja um calabouço do Santo Ofício! A morte, meu filho, a morte, simplesmente, para todos nós aqui reunidos, seria bênção inestimável, que nos valeria por uma glorificação! Infelizmente para nós, Hildebrando é inquisidor, o que quer dizer – é cruel e implacável! Sabe torturar, afligir, castigar com minudências odiosas, inconcebíveis! Preferível seria, oh, sim! uma penitência pública, à qual a sociedade de Lisboa assistiria talvez com indiferença, habituada que está a cenas tais de degradação – a um suplício lento na fogueira ou no cavalete, aos tratos infames e desumanos, nas salas de torturas!...

Novamente os dois jovens, inexperientes e ardorosos, bradaram à uma:

— Não! Jamais! Cem vezes a tortura e a morte!...

Ester baixou a fronte humildemente, sem emitir opinião, enquanto o coração se lhe confrangeu na expectativa de atribulações imprevisíveis.

7

Subitamente, duas discretas pancadas na porta de acesso aos compartimentos interiores da casa advertiram aos interlocutores que algum escravo lhes desejava falar. Fizeram-no entrar e Aboab ordenou com lhaneza:

— Pode falar, Gabriel...

Tratava-se não de um escravo, mas de um agregado, mais amigo do que criado, a quem os tratos sofridos, quando da perseguição que vitimara Arammza, deformaram as mãos e os pés, impossibilitando-o para o trabalho. Vivia no solar judaico graças à solidariedade do Rabino, que não desdenhara socorrê-lo, e a título de fiscal dos demais serviçais, ou mordomo. Era hebreu como os patrões, probo e leal para com os seus irmãos de crença, odiando implacavelmente os dominicanos e aqueles que se diziam cristãos, visto que deles tinham advindo todas as desditas que para sempre o infelicitaram. Pedindo licença aos amos, foi dizendo ansioso, polidamente:

— Se me tivésseis participado da necessidade de salvos-condutos, eu vo-los teria fornecido com presteza, senhor... – pois o servo ouvira a discussão, visto que seria de bom aviso ficarem os serviçais sempre à espreita quando da visita dos padres. – Para as possíveis eventualidades, supro-me sempre, com antecedência, de muitas coisas que se poderão tornar necessárias... Possuo, no momento, um salvo-conduto comprado ao filho da senhora Águeda, que resolveu não mais deixar o Reino...

— Tal alvitre é inviável, meu bom Gabriel... Se formos descobertos, sofreremos dez vezes mais...

— Sou de opinião – perdoai a ousadia de emiti-la sem ser solicitado – que todos vós devereis partir hoje mesmo, antes do amanhecer, porque frei Hildebrando não tardará com a represália, que será inevitável, e para a qual ansiava por um motivo desde muito... Tendes valores preparados para tal emergência... Ide com esse bem móvel e abandonai esta casa, estas obras de arte, vossas indústrias etc., pois vossa honra e vossa vida valem muito mais... Eu permanecerei aqui guardando tudo... Se houver confiscações, que levem o que quiserem, contanto que escapeis às torturas e às fogueiras... Se me matarem, tanto melhor. Não passo de um trapo humano! Impossibilitado de ganhar o próprio sustento, a vida pesa-me sobremodo... Se nada confiscarem, que será difícil de acontecer, e me pouparem a vida, bendito será o "Santo dos Santos" ainda uma vez; liquidarei tudo da melhor maneira e obtereis uma pequena fortuna para juntar à que hoje mesmo podereis carregar... Não tendes tempo a perder... Quanto maior número de léguas puserdes entre vós e esse cruel Azambuja até amanhã, à hora do expediente do Santo Ofício, tanto melhor...

— Como poderemos viajar sem salvos-condutos nem licenças?... Não será possível...

— Nas barreiras aceitarão propinas, passareis facilmente, ninguém saberá que sois convertidos recentemente, passareis por fidalgos, se oferecerdes recompensas em ouro, ou comerciantes... e mais valerá arriscar que ficar...

— Teremos de preparar bagagens, arrecadar nossas preciosidades; não será possível uma família viajar assim, tão imprevidentemente, para o estrangeiro...

— À luz do sol será realmente impossível, senhor! Frei Hildebrando, no momento, porém, estará chegando a sua casa, ainda não pôde refletir, não se refez para deliberar sobre o que tentará para ferir melhor...

Lembrai-vos de que vos não poderá prender nem acusar sem que haja denúncias... Demorará a forjá-las... Quererá antes, por agora, dormir o melhor possível, pois estará fatigado de comer da vossa ceia e de beber dos vossos bons vinhos... Partir amanhã, no entanto, seria demasiadamente tarde... Ouso declarar-vos que tal tentativa deveria ter sido realizada desde muito, por todos vós, e não apenas por um ou dois, como têm feito, com bons êxitos, muitos dos nossos compatriotas...

— Sim... mas outros também se desgraçam para sempre...

Finalmente, depois de viva discussão, deliberaram que Joel deixaria Lisboa imediatamente, acompanhado do velho Gabriel, para se dirigir a Roma, onde esperaria em segurança até que a família se lhe fosse reunir, pois Timóteo, já no dia seguinte, começaria a tentar possibilidades para conseguir transferir-se para Roma com os filhos restantes, às ocultas de Azambuja. O salvo-conduto de Gabriel protegeria o fugitivo contra quaisquer eventualidades, ao passo que o ouro que levaria removeria outros tantos obstáculos. Em apenas uma hora, enquanto se preparavam cavalos, foi também preparada a bagagem sucinta e cartas de recomendação que o Dr. Timóteo fazia a compatriotas residentes na velha capital dos Bórgia, ao mesmo tempo que lhe depunha nas mãos uma pequena fortuna para que seu exílio se não tornasse excessivamente angustioso fora do lar paterno. A tentativa, no entanto, seria, de qualquer forma, temerária. Joel se apoderaria de uma identidade alheia, o que seria infração gravíssima. O precioso documento fora comprado a outrem, o que o tornava falso, ilegal, revertendo tudo isso em agravantes para aquele que dele se utilizasse. As estradas e postas de mudas de cavalos eram rigorosamente fiscalizadas pela polícia civil e até mesmo pelos beleguins do Santo Ofício, oh! principalmente por estes! – porquanto, governo e Inquisição expulsavam frequentemente os judeus do território português, mas perseguiam-nos cruelmente se fugissem, recambiando-os para a prisão e a tortura. Todavia, o sagrado direito daquele que se sente oprimido é procurar possibilidades de libertação. E ficar, permanecer em Lisboa após desavenças com autoridades inquisitoriais, seria entregar-se voluntariamente à prisão... E só Deus saberia, então, o que mais poderia acontecer...

Quando o velho campanário das proximidades, pois, fez ressoar, pelos ares de Lisboa adormecida, as duas pancadas da madrugada, os portões da velha mansão judaica se descerraram cautelosamente para deixarem escapar, qual sombra atormentada, o seu primogênito e herdeiro bem-querido, o qual fugia do lar paterno, forçado por irremediáveis circunstâncias, para nunca mais a ele retornar; deixava a terra onde nascera, e a qual amava, acossado pela crueldade de hipócritas e fanáticos, que se validavam dos poderes de que dispunham, como do nome augusto do emissário de Deus, para impingir as suas próprias decisões, dando livre curso à torrente das paixões execráveis que lhes extravasavam do ser.

8

Ao contrário do que se previra, passou-se a manhã daquele dia e também a tarde sem que nenhumas novas adviessem de frei Hildebrando ou de seus agentes. A expectativa era asfixiante na residência dos Aboab. Temiam estes que, informados da súbita partida de Joel, seus inimigos investissem represálias contra qualquer outro membro da família. Em vão entre os *Salmos*, cuja doçura tanto bem lhes faziam à alma, Ester escolhera algo mais reconfortante para reerguer as energias morais da família que sofria, além da expectativa torturante, também a incerteza da sorte do filho querido, que se arrojara a uma temerária aventura. A própria jovem, habitualmente serena e resignada, agora já não se conseguia reanimar, encorajando-se por meio da fé ardente depositada no Criador de todas as coisas e naquele doce Mestre que descera dos Céus venturosos para padecer pela regeneração dos homens. Viram-na o dia todo debilitada e arredia, sucumbida em prantos, o que levou o desalento ao coração de cada um. Joel era o seu suave anelo, a esperança e a alegria das mais caras aspirações da sua alma, e a ausência desse ser tão querido, os perigos que o ameaçariam durante a longa viagem levavam ao seu coração o temor e a angústia, deprimindo-lhe as últimas energias para continuar lutando contra a adversidade. À tarde do segundo dia, no entanto, dirigiu-se a ela o tio e disse afetuoso e apreensivo:

— Minha querida filha, temo por ti mais do que por nós outros, nas circunstâncias em que nos encontramos... O Santo Ofício de nada nos poderá acusar, Joel está bem longe e, ao demais, temos advogados junto à Corte para defender nossos direitos. Sabemos, porém, que, sem a vigilância de teu primo e com as disposições equívocas de Hildebrando a teu respeito, corres grandes riscos de sofrer surpresas desagradáveis ou mesmo vexames... Mandei atrelar a "cadeirinha"[22] a fim de visitarmos tua madrinha e deixá-la a par do que se passa... Há se revelado ela nossa fiel amiga, sendo mesmo contrária ao movimento hostil continuamente verificado contra nossa raça, e já por várias ocasiões, como não ignoras, há também oferecido préstimos a teu favor... Ao demais, sendo espanhola, e não portuguesa, não terá, certamente, grandes interesses em nos detestar gratuitamente, apenas para satisfazer a Inquisição, não obstante a Espanha igualmente perseguir os de nossa condição... Apelarei, portanto, para o seu coração maternal, rogando aceitar-te em sua casa até que os horizontes se desanuviem em torno de nós...

Ester era humilde e obediente. Respondeu a seguir, embora o coração se lhe confrangesse à ideia de se afastar do próprio lar:

— Pesa-me deixar-vos em momento tão crítico, meu tio... mas se assim deliberais será porque assim será o que melhor convém... e aprovarei vossa resolução...

Subiram para a pequena viatura, mais cômoda e usual para pequenos percursos, e partiram para a residência da condessa Maria de Faro, em cujo caráter confiavam de todo o coração.

A condessa Maria era mulher de 40 anos, valorosa e digna, não existindo até então, no conhecimento público, nenhum deslize que a levasse a desmerecer do conceito que desfrutava na sociedade e na intimidade dos amigos. Espanhola de nascimento, consorciada com um fidalgo português, vivia desde muito em Portugal, sendo amplamente relacionada

---

[22] N.E.: Meio de transporte individual muito antigo, que consistia em uma cadeira fechada qual pequeno carro sem rodas, mas provido de dois varais de frente e dois às costas, permitindo a dois homens ou dois animais, a ele atrelados, carregá-lo balouçando-o suavemente no espaço.

entre a nobreza e até mesmo entre a realeza. Confessava-se contrária às hostilidades infligidas aos hebreus, fossem portugueses ou estrangeiros, e, em presença destes e dos amigos íntimos, atacava com veemência as leis que estabeleciam tanta desumanidade contra criaturas indefesas. Não seria de admirar que tão digna senhora assim se conduzisse, visto que, por aqueles atormentados tempos, muitas vozes beneméritas bradavam contra a Inquisição, censurando e até execrando as suas façanhas. A condessa, porém, em verdade, era mais loquaz e leviana do que realmente sincera naquilo que afirmava e, a despeito de, realmente, não desprezar a raça judaica e dela se compadecer, não se esquecia jamais de também testemunhar considerações aos inquisidores, esmerando-se em amabilidades sempre que possível. Levando Ester à pia batismal, quando da obrigatoriedade imposta aos judeus, e defendendo, por mais de uma vez, não só a afilhada como toda a família desta dos choques circunstanciais provocados pelo fanatismo partidário, cativara de tal sorte a confiança dos Aboab que por mais de uma vez fora também ela a sua confidente e conselheira. Quando do desejo de Joel e Saulo se transferirem para Roma, no intuito de fugirem às opressões diárias que suportavam, tencionavam suplicar-lhe o valor, ainda uma vez, para lhes conseguir a necessária licença, caso falhasse o concurso dos supostos amigos inquisidores. Entretanto, como vimos, o funesto incidente, entre estes e o primogênito da casa, transformou a programação do velho Rabino, sugerindo novos passos na via angustiosa que palmilhava.

***

A condessa Maria de Faro reencarnada se achava, nos primeiros decênios do século XX, na pessoa sofredora e humilhada da esposa de Leonel, o suicida por quem todo o nosso penoso trabalho era realizado, ao passo que o próprio Leonel, por sua vez, conforme revelação inicial, era a reencarnação de Hildebrando de Azambuja. Para a boa compreensão da moral desta verídica história, rogamos ao leitor não perder de vista este precioso detalhe. Feito o que, continuaremos ouvindo a narrativa do guia espiritual de Leonel. Continuou ele:

— Depois de receber a afilhada com visíveis demonstrações de afeto e alegria, a condessa de Faro fê-la encaminhar-se para os aposentos que lhe eram destinados, concedendo-lhe uma criada para os serviços particulares, tal se se tratasse de uma fidalga a quem hospedasse.

— Aqui estarás tão bem como em tua própria casa, querida Mariana – afirmou ela à recém-chegada, por entre sorrisos amáveis, pois a digna senhora era sempre pródiga na distribuição de sorrisos –, e nada te há de faltar... Tua presença traz-me um grande prazer... Será como se aqui estivesse a minha Emília, que se foi para a Espanha após o casamento... Peço-te que me consideres a tua segunda mãe... pois vejo que, com efeito, muito careces do amparo e dos afagos de um coração materno...

Encantado, o antigo Rabino osculou-lhe a destra gratamente, bem certo de que tivera a mais feliz inspiração dirigindo-se a tão prestimosa dama, enquanto Ester se limitou a sorrir acanhadamente, o coração confrangido de incertezas. Uma vez a sós com a fidalga, o Dr. Timóteo pô-la a par dos ingratos sucessos desenrolados em seu lar pela tarde de domingo, os temores de que se via presa inclusive, confessando-lhe ousadamente os pormenores da fuga de Joel sem omitir as atitudes desde muito suspeitosas de Hildebrando a respeito da jovem prometida de seu filho, concluindo por lhe desvendar o recalcitrante desejo de se transferir com a família para fora de Portugal, a fim de se precatarem contra a eterna perspectiva das desumanas perseguições. Talvez se sentindo em desespero de causa, ou excitado pelos acontecimentos de dois dias antes, Timóteo estendeu ainda mais a confiança depositada na condessa e solicitou-lhe o concurso precioso para saírem legalmente do país, de posse dos pequenos haveres que ainda lhes restavam, visto que, já idoso, impossível seria partir destituído de recursos, ao menos para se socorrer, e a família, nos primeiros tempos, em terras estrangeiras.

Maria ouviu-o atentamente, grandemente interessada. Não o interrompeu sequer com um aparte ou um monossílabo, o que de algum modo impressionou o visitante, desconcertando-o. De vez em quando, como que aprovava com um leve sinal, um movimento de olhos ou de cabeça. E reconhecendo, finalmente, que seu hóspede terminara a ingrata exposição, advertiu lacônica, mas veemente:

— Regressai descansado a vossa casa, Sr. Fontes Oliveira! Farei o que me estiver ao alcance a fim de vos servir... Quanto a Mariana, será um depósito sagrado para mim! Nenhuma decepção a atingirá enquanto permanecer sob meu teto!

À noite, no entanto, Maria de Faro sentiu-se insone e agitada, forçando a imaginação no penoso labor mental de criar uma solução que, servindo aos Fontes Oliveira, também não a indispusesse com nenhum representante dos poderes civis e eclesiásticos e ainda com o Rei e o Inquisidor-mor, frei Hildebrando de Azambuja. Seu desejo seria, realmente, beneficiar os perseguidos; mas a loquaz espanhola seria muito experiente e maliciosa para se arriscar a toldar as boas relações sociais que desfrutava com a proteção a judeus recém-convertidos, que ainda poderiam decepcioná-la, e muito interesseira para se expor ao desagrado de personagens como aquelas que lhe apontavam como inimigos que teria de combater. Na manhã seguinte, por isso mesmo, muito preocupada e mal-humorada, Maria chamou em audiência particular o "escriba" do palácio, espécie de secretário da casa, dos negócios de seu marido, cujas atribuições se dilatavam ao preparo da correspondência particular de cada um, e, depois de algumas indecisões, falou autoritária:

— Tome do necessário porque ditarei uma carta para pessoa de grande destaque social...

O escriba escolheu do melhor papel de linho com timbres dourados, escudo e armas da casa; da melhor pena de pato e da mais afamada composição de tinta para escrever, dispondo-se ao delicado trabalho.[23] E

---

[23] N.E.: Existiam nessa época (século XVI) tintas coloridas muito vivas e variadas, para a escrita particular, inclusive uma espécie de purpurina dourada, para cartas destinadas a personagens gradas, para a literatura sacra e a poesia.

Maria, então, recordando Pilatos, muito digna e majestosamente sentada em sua cadeira "manuelina", alta e suntuosa qual um trono, ditou o que se segue, alheada dos deveres para com Deus e o próximo, sem suspeitar que criaria, com a traição contida nessa carta, um drama intenso e apavorante, cujas consequências lamentáveis se estenderiam por quatro longos séculos de lágrimas, infortúnios e crimes para outrem e para si, e que a mesma missiva forjaria um elo que enredaria a si própria e ao seu destinatário, elo moral cuja solidez não lhe seria jamais possível romper; e que atada àquele pelas leis de *causa e efeito* e *repercussões conscienciais*, palmilharia, futuramente, um tormentoso calvário de provas e expiações, até que expungir conseguisse, da própria consciência, as sombras acusadoras que a deprimiam. Ditava, pois, enquanto o paciente funcionário fazia correr a pena, certo de que uma infâmia a mais ali se praticava, mas isento de responsabilidades conscienciais, porque era apenas um servo, pouco menos que escravo, obedecendo ao seu senhor:

"Rev.^{mo} D. Frei Hildebrando de Azambuja – Venerável Inquisidor-mor da Santa Inquisição de Lisboa.

Peço vossa bênção com admiração, respeito e suma devoção.

Deus seja convosco.

Salve, Senhor!

Um fato extraordinário verifica-se no momento em Lisboa, tendo-me por testemunha eventual, o que me impele a dirigir-me a V. Rev.^{ma} a fim de melhor provar a minha fidelidade incondicional à Santa Inquisição.

Desde ontem, Rev.^{mo} Hildebrando, hospeda-se em minha casa, sob minha tutela temporária, a menina Mariana Fontes Oliveira, vossa paroquiana e pupila espiritual, da qual sou madrinha de batismo por um ato de piedade permitido e aprovado pela nossa Santa Igreja. Trouxe-a o seu tio Silvério Fontes Oliveira, rogando-me aceitá-la a fim de salvaguardá-

-la de perseguições por ele consideradas iminentes sobre toda a família, mas as quais eu apenas entrevejo no cérebro obumbrado de heresias dos mesmos supostos perseguidos. Não desejo, Rev.^{mo}, indispor-me com uma Instituição tão generosa e benemerente como entendo ser a Santa Inquisição, e por isso participo-lhe não somente a presença da menina Mariana em minha casa, sem autorização de V. Rev.^{ma}, como ainda da pretensão de toda a família em exilar-se para Roma, de qualquer forma, sendo que o primogênito da casa, desde a madrugada de anteontem, ausentou-se de Lisboa... pois o próprio pai, confidencialmente, narrou-me os acontecimentos que ocasionaram a sua partida, acontecimentos que muito lamento, julgando-os ofensivos a V. Rev.^{ma}. Conquanto eu estime os Fontes Oliveira e até lhes deseje todo o bem possível, encontro-me no dever de escrever a presente epístola a fim de me não considerar cúmplice de atos reprovados pela jurisdição do estado como da Igreja, coisa grave, da qual não me desejo tornar responsável. Rogo a V. Rev.^{ma} conselhos paternais sobre o que farei da menina Mariana, como sobre todo o momentoso caso."

Uma hora depois de expedida a carta, Hildebrando de Azambuja era recebido pela condessa em audiência particular, entretendo-se ambos em secreta conversação durante cerca de duas horas. Ao despedir-se, o religioso osculou a destra da inconsequente fidalga, exclamando enfaticamente:

— A Circunscrição no... da Santa Inquisição de Lisboa agradece pela minha voz, senhora, a valiosa cooperação que acabais de conceder ao decoro e à respeitabilidade da Igreja...

Retirando-se, D. Frei Hildebrando de Azambuja tomou imediatas providências para que Joel fosse detido antes de entrar em Roma, localidade em que estaria a coberto de ataques pessoais tão comuns em Lisboa, e de onde, portanto, não seria possível à Inquisição recambiá-lo com facilidade para Portugal. Era, como vemos, o terceiro dia da partida do jovem Aboab e Hildebrando, ressentido pelo descaso e pela desobediência à sua pessoa, e cogitando da melhor forma de castigar o ardoroso mancebo, ignorava, no entanto, a sua partida, visto que realmente não mandara espionar nem sequer concebera a possibilidade do arrojo de uma fuga. À tarde desse dia, em que visitara a condessa, portanto, partiu de Lisboa uma escolta armada, constante de cinco homens, à cata do fugitivo e do pajem, legalmente documentada e com ordens rigorosas de prisão ao infrator, devidamente assinadas e registradas, o que lhe emprestava um irresistível poder.

Entrementes, Maria de Faro penetrara os aposentos da afilhada e, demonstrando, no semblante grave, insólita frieza, que na véspera se julgaria inconcebível, ordenou sem maiores explicações:

— Prepare-se, menina Mariana, a fim de retornar ao domicílio de seu tio... Não me será lícito recebê-la como pupila sem uma ordem do juizado e do arcebispado... Terão de me nomear, primeiramente, tutora perpétua, por ordem de El-Rei nosso senhor, para que me seja viável a sua reeducação ao critério das nossas leis religiosas... uma vez que até agora a menina somente há convivido com seus ascendentes hebraicos, não obstante a instrução recebida sob patrocínio da Igreja...

Timidamente, muito pálida, Ester retorquiu, os olhos marejados de lágrimas:

— Senhora, eu sou cristã sincera... Amo a cruz do Senhor Jesus com a veneração do fundo da minha alma...

A condessa pareceu não ouvir e retirou-se sem responder. Uma aia acompanhou de volta a formosa hebreia, deixando-a entregue ao tio. Sem quaisquer explicações fornecidas pela condessa, Aboab houve de se orientar pelos relatos da sobrinha, porquanto aquela dama, até então amável e prestimosa, não se permitira sequer, agora, a consideração de uma carta esclarecedora da recusa em conservar a afilhada, quando na véspera prometera gentilmente protegê-la. Ansioso e incompreensivo e nem confiando no que lhe transmitira Ester, o pobre homem tornou ao palácio no intuito de se entender melhor com a ilustre dama, pois temia haver contribuído, de qualquer forma, para desmerecer no seu conceito, e, insistente e perseverante como soem ser os de sua raça, solicitou nova audiência, aguardando, porém, pela resposta, cerca de duas horas, findas as quais apenas obtivera de um criado descortês esta lacônica decisão:

— A senhora condessa não concede audiência no dia de hoje...

Sem saber o que pensar e prevendo algo desagradável, o antigo rabino tornou ao lar, forçando, no íntimo do coração, a esperança de que Maria de Faro houvera mandado explicações por algum especial mensageiro que dele se desencontrara... Chegando, porém, ao próprio domicílio encontrara antes um mandado do Santo Ofício, para que ele e os filhos comparecessem, ainda aquela tarde, à sede da Circunscrição, a fim de prestarem esclarecimentos urgentes quanto à tentativa de afastamento, de Lisboa, do jovem Henrique Fontes Oliveira, sem a devida autorização do legado do bispado. A cerimônia, não obstante os aparatos e terrores próprios da época, decorreu normalmente. Toda a família, a uma só voz, asseverou ignorar a súbita resolução do jovem, pois ele apenas se afastara para o campo, acompanhado do seu pajem, em busca de paisagens para os quadros que tencionava pintar; que, efetivamente, mantinha intenção de se transferir mais tarde para Roma, a fim de aperfeiçoar estudos artísticos, mas que, no momento, apenas perambulava pelas províncias a fim de se inspirar para a obtenção de motivos para os seus quadros...

Não seria impossível que assim fosse, ao entendimento da Inquisição. No entanto, o testemunho da condessa de Faro, cuja carta denunciadora a frei Hildebrando fora do conhecimento dos juízes e acusadores, fora também levada em muita consideração, para que a palavra dos depoentes prevalecesse. Hildebrando encontrava no argumento excelente ensejo para suas costumeiras façanhas inquisitoriais e também para desforras contra aqueles a quem realmente nunca estimara. Os depoimentos foram, pois, considerados de má-fé. Contudo, tais deslizes perante as leis do Santo Ofício não eram passíveis de prisão, e sim de extorsivas multas e indenizações. Houve, portanto, Timóteo, ainda uma vez, de depositar, nos cofres públicos ou nas mãos ávidas dos inquisidores, boas quantias em ouro, o que o reduzira à mediocridade de fortuna, carecendo mesmo até de pôr à venda muitas das preciosidades que possuía, tais como pratarias, cristais, porcelanas, objetos de arte, joias etc.

    Não obstante, a vigilância em torno dele e da família recrudesceria – sentenciaram as autoridades – e qualquer outra infração às leis vigentes de tão egrégio tribunal seria punida com a prisão e o respectivo processo. Quanto ao jovem Henrique, ao encalço de quem partira uma pequena tropa, seria preso e processado, porquanto, ainda que se ausentasse de Lisboa apenas para pequena viagem de recreio dentro de Portugal, ele o fizera sem se prevenir com a devida licença das autoridades competentes. Hildebrando, porém, estava certo, como sabemos, de que Joel – ou Henrique – realmente fugira graças à altercação entre ambos à mesa dos Fontes Oliveira, conforme as informações fornecidas por Maria de Faro. E, apoiando-se na legalidade inquisitorial, pretendia agravar o fato, dele valendo-se a fim de servir às próprias pretensões: em primeiro lugar, a sua mesma crueldade de inquisidor insaciável, que jamais se eximia de perseguir e maltratar; em segundo, apossar-se de Ester, por quem se sentia incendiar de desordenada paixão, e vingar-se do jovem Henrique, a quem jamais admirara e por quem se reconhecera invariavelmente tratado com altivez e menosprezo. Assim foi que, sem que o infeliz Timóteo de nada desconfiasse, introduziu Hildebrando de Azambuja, no solar hebreu, um espião de sua inteira confiança, procedendo, porém, para tanto, sutil e cautelosamente. O leitor certamente não conceberá o quanto de humilhante e exasperador existia em torno de um indivíduo ou de uma família considerados suspeitos de quaisquer faltas pela Inquisição. Tornavam-se, por assim dizer, execrados pela sociedade, que afetava o desprezo demonstrado como não o faria ao pestoso, cujo contato todos temem e do qual se afastam com asco. Entravam a sofrer a angústia do isolamento social. Desertavam de sua casa os amigos e os comensais mais íntimos. Na rua, davam-lhe as costas ou trocavam de calçada, quando os encontravam, aqueles que dantes lhes apertavam as mãos e lhes deviam favores. Em muitos casos, os desgraçados perdiam até mesmo o direito de suprir a sua despensa doméstica, porque os marchantes e quitandeiros suspendiam o fornecimento, temerosos de se envolverem em processos idênticos como simpatizantes do Judaísmo ou arrolados como testemunhas no tribunal da fé. E nem se julgue que os correligionários de crença corriam a socorrer o perseguido, porque ninguém mais inimigo de um hebreu convertido, mas suspeito de infiel à fé católica, do que outro hebreu convertido, mas não suspeito, ou outro não convertido.[24]

---

[24] N.E.: A Inquisição perseguia com verdadeiro furor os judeus chamados "cristãos-novos", suspeitando-os, às vezes sem razão, de infiéis aos compromissos assumidos com a Igreja, relapsos na fé católica.

9

Nesses afastados tempos, desoladores e atormentados, nenhuma família judaica conseguiria serviçais domésticos, ou de qualquer outra espécie, pois nenhum cidadão, por miserável que fosse, se prestaria a criado em residências de tais famílias, ainda que estas fossem já batizadas ou convertidas, e por mais altamente remunerado que pudesse ser. Teriam, portanto, de se utilizar da escravatura os pobres judeus, escravatura que tanto seria africana como também moura, cigana, pária etc., conquanto o número de escravos fosse geralmente insignificante. Ora, na bela mansão judaica existiam três escravos para toda a família, dado que seria difícil adquiri-los pela época, e cujas crenças religiosas não interessariam aos zelos governamentais, por se tratar de criaturas havidas como realmente inferiores, à parte da sociedade. Tais zelos se empenhavam particularmente na perseguição a judeus. Todavia, na residência em apreço eram eles bem tratados, remunerados e não escravizados, viviam alegremente, desfrutando horas de recreio e parecendo estimarem seus senhores. Efetivando-se, porém, o incidente entre o jovem Joel e frei Hildebrando, os três escravos, espavoridos com o que a eles próprios poderia acontecer, fugiram de seu senhor sem mais delongas, desaparecendo sem que o amo se animasse a tentar meios policiais para encontrá-los, fazendo-os retornar ao domicílio. A situação interna, por isso mesmo, sofrera alterações sensíveis, forçando a delicada Ester a desempenhos rudes e cansativos, não obstante o auxílio afável dos dedicados primos Saulo e Rubem. Alguns dias após o interrogatório sofrido pelos Fontes Oliveira, e ainda se encontrando a mansão destituída de serviçais, apresentaram-se a Timóteo um homem e uma mulher, oferecendo-se como criados ou mesmo escravos, pois não faziam questão de subsídios e apenas desejariam alimento e pouso em troca dos serviços prestados. Vinham de longe – afirmavam –, das bandas da Espanha, banidos do próprio lar pela perseguição inquisitorial de Carlos V,[25] e necessitavam ganhar honesta e discretamente o próprio sustento para se ocultarem o quanto possível, a fim de se recuperarem para a retirada que desejavam empreender por via marítima, em demanda de terras menos assoladas pela crueldade. Eram judeus espanhóis – disseram – e falavam o dialeto comum à raça, o que, para o crédulo Rabino, seria o mais seguro documento de apresentação. Confiante, o Dr. Timóteo admitiu-os sem tardança, instalando-os convenientemente, jubiloso por ficar Ester a coberto de tantas rudes fadigas. O homem, dizendo-se descendente de árabes, dir-se-ia antes um cigano. Sua curiosa indumentária, absolutamente diversa das usadas por judeus, não despertou a atenção de Timóteo, habituado a ver disfarces de toda espécie entre seus companheiros de crença. Usava, como os ciganos, calções curtos, de tecido listrado, meias compridas ajustadas aos calções à altura dos joelhos; grandes sapatos de solas de madeira; camisa branca, de mangas largas atadas aos pulsos e colete em veludo escarlate bordado a ouro; faixa azul à cinta, lenço listrado à cabeça, uma argola dourada pendente da orelha esquerda, recordando, com efeito, ciganos mouros ou o estado de escravatura entre alguns povos orientais. Chamava-se João-José, simplesmente, era vaidoso e julgava-se belo e irresistível, com seus grandes olhos de oriental e os bigodes luzidios, não obstante o defeito físico que apresentava, pois coxeava sensivelmente de uma perna.

O leitor entreviu João-José nos dias do século XX reencarnado na pessoa de Alcina, filha de Leonel, suicida como seu pai, em uma existência em que se desejou ocultar, sob formas femininas, de seus implacáveis obsessores, ou seja, os antigos amos do século XVI.

---

[25] N.E.: Carlos V (1500–1558) foi eleito imperador do Sacro Império Romano-Germânico como Carlos V, em 1519. O título tinha reminiscências do Império Romano, de Carlos Magno e dos imperadores medievais e impunha a missão divina de guardar a paz e a justiça na cristandade e defendê-la do infiel: o infiel era, naquela época, o Império Otomano e o Islão.

Não obstante, marido e mulher nem eram verdadeiramente judeus nem verdadeiramente árabes, porque ciganos, que viviam da rapinagem e da traição, servindo ao mal a soldo de quem melhor os remunerasse. Não passavam, por isso mesmo, de fiéis espiões da Inquisição, com a detestável incumbência de observar os judeus convertidos e denunciá-los ao Santo Ofício, desde que colhessem um flagrante qualquer incompatível com as recomendações usadas pelas arbitrárias leis inquisitoriais. Hildebrando de Azambuja, odiento e cruel, encaminhara-os para a mansão Aboab, tudo dispondo da melhor maneira para que não fossem suspeitados do verdadeiro fim por que buscavam empregar-se. Não o foram, com efeito. Timóteo e os filhos em ambos confiaram, abrindo-lhes o lar, penalizados, supondo-os igualmente perseguidos. Todavia, jamais os admitiam às confidências ou à intimidade, mantendo-os à distância conveniente e digna. João-José, assim sendo, espionava-os quanto possível, não perdendo jamais oportunidades de lhes ouvir as palestras íntimas e medir atitudes, a ver se incorriam em alguma falta prevista pelo tribunal da Inquisição. Nada interessante descobrindo que frei Hildebrando já o não soubesse, perseverava no odioso papel, impaciente pelo dadivoso momento em que pudesse apresentar ao ilustre dominicano a nova de qualquer ação que revelasse fidelidade à crença de Israel, praticada pelos patrões. Era remunerado para o serviço... e a descoberta de uma nova infração resultaria para ele em vantajoso prêmio...

Entrementes, chegara ao infeliz hebreu a nova acerba de que seu primogênito, reconhecido e detido pela milícia inquisitorial já em território espanhol, rumo à Itália, fora reconduzido a Lisboa e encarcerado por ordem do Inquisidor-mor, o mesmo sucedendo a seu pajem, o velho Gabriel. Desenvolveu-se, então, um processo em regra contra o infeliz jovem, visto que, efetivamente, ele errara procurando fugir e burlando autoridades com passaportes falsos, atitudes contraproducentes que redundaram em irremediáveis agravantes para a sua situação, dificultando a defesa que o pai impetrava a seu favor. Em vão recorrera este novamente aos préstimos de Maria de Faro, acossado pela desesperação da causa, pois a desleal senhora, receando o desagrado do ilustre Azambuja, abandonara os amigos à própria sorte, negando-se a qualquer tentativa a seu favor. Os advogados de Aboab, hebreus recém-convertidos, como ele, visto que outros que não estes não aceitariam causas de defesas de outros hebreus, convertidos ou não, faziam o que lhes estava ao alcance. Exigiam, no entanto, honorários e recompensas escorchantes, dado que existiam sempre grandes perigos em se bater alguém por um hebreu acusado pelo tribunal da Inquisição, ainda mesmo quando fosse este já batizado e considerado cristão. Frei Hildebrando e seus comparsas Fausto e Cosme exerciam pressões desesperadoras, como sempre, uma vez que do feitio de tais caracteres era a crueldade contra as indefesas vítimas que lhes caíssem nas garras. O primeiro propusera mesmo, a Silvério, a liberdade de Henrique em troca da esplêndida mansão e da pessoa de Ester, que, afirmava ele, seria internada em um Monastério a fim de trabalhar pela salvação da própria alma, como cristã revoltada e relapsa que era considerada. Sem sequer participar à sobrinha a indignidade da proposta, o velho Rabino rejeitou a oferta, certo, porém, de que cara lhe custaria a rejeição, acedendo, no entanto, no quesito relativo ao imóvel, pela libertação do filho. Fausto e Cosme, por sua vez, propuseram a entrega da prataria restante no solar, dos cristais e objetos de arte que ainda restavam, quadros de grande valor artístico, pintados por Joel inclusive, em troca da proteção de ambos para uma garantia de fuga de toda a família em momento azado. Esperançado, ante a tormenta em que se sentia soçobrar, o indefeso Rabino aceitou a proposta... e a velha e aprazível mansão, cobiçada desde muito por tantas altas figuras, era destituída dos seus preciosos adornos, enquanto aguardavam o momento da prometida fuga para a entrega do edifício ao desumano Azambuja...

A situação geral era, assim, aflitiva, desesperadora, quando, subitamente, os acontecimentos se precipitaram em torno da desgraçada família, desde treze anos passados mantida em incansável observação por parte de seus intransigentes inimigos.

10

Dissemos de início que Timóteo Aboab fora Rabino, mas que, forçado a abjurar a crença dos seus antepassados, tornara-se católico romano, ou fingia sê-lo. Batizara-se, curvara-se a todas as exigências da Igreja, para o caso da conversão, como diariamente faziam muitos descendentes da raça hebraica. Todavia, se não é lícito impor sentimentos de quaisquer naturezas a quem quer que seja, o sagrado sentimento da fé religiosa, superior a todos os demais que empolgam o coração humano, será, com efeito, o mais difícil, senão impossível, de ser imposto. A Igreja, impondo outrora o jugo das conversões violentas, raramente conseguia crentes sinceros para o seu culto. Fazia dos conversos, quando muito, adeptos hipócritas, agregados por conveniência, porquanto os desgraçados, perseguidos até a desesperação, aceitavam o adotarem o Catolicismo, abjurando a crença que lhes era própria, na esperança de viverem em paz e salvaguardarem a vida e a honra da sua descendência, o que nem sempre conseguiam, pois a perseguição continuava por suspeitas de infidelidade à crença adotada. No íntimo, porém, a maioria desses convertidos detestava não apenas a Igreja como até o próprio Cristianismo, ao qual não compreendia senão por meio dos feitos abusivos da clerezia, muitas vezes mais herege do que mesmo aqueles a quem perseguia. Quando muito, os mais sagazes e pensadores dentre os convertidos, portadores de boa vontade e também habituados ao jugo farisaico da sua própria grei, faziam ao Cristianismo, que não compreendiam, justiça idêntica à que faziam ao profetismo de Israel, discernindo que – assim como o farisaísmo judeu corrompera a verdadeira crença de Israel, ultrajando-a com a lama das paixões pessoais, exercendo-a até mesmo com finalidades políticas, incompatíveis com a respeitabilidade e doçura dos santuários, assim também o clericalismo católico-romano desfigurara a legítima essência cristã, por lhe assentar o vírus de arbitrariedades e crimes, que em seu nome cometia, contrariando-lhe os princípios e as finalidades. O Dr. Timóteo, contudo, não era dos que faziam tal justiça. E conquanto até então não se revelasse um mau caráter na verdadeira expressão do termo, era certo que os longos infortúnios, as desgraças suportadas em silêncio, as humilhações e mil desassossegos cavaram diariamente, em seu coração, a revolta sombria e intransigente, o abismo irredutível entre os seus próprios sentimentos de israelita e o Cristianismo, responsabilizando, portanto, a Doutrina do Cristo pelo mau uso que dela faziam pretensos adeptos da mesma, infinitamente mais hereges e nocivos à Humanidade do que os próprios a quem torturavam para converter. E, assim se portando, mais o antigo Rabino se devotava à sua primitiva crença, continuando a praticá-la ocultamente, não obstante a conversão ao Catolicismo e à prática exigida pelos luminares clericais.

Ora, malgrado à vigilância dos inquisidores, existia em Lisboa uma sinagoga exercendo funções quase normais. Aparentemente, tratava-se de residência particular, com acomodações para comércio, e realmente ali existia abastada família judaica, considerada, havia muito, realmente convertida à fé católica romana. Entretanto, aos sábados realizavam-se ali cerimônias do rito hebreu e comumente falava à cátedra o antigo rabino Aboab. E isso mesmo levavam a efeito, os pobres hebreus, depois de terem assistido a missas, pela manhã, de se aspergirem com "água benta" e receberem as respectivas bênçãos do arcebispo e seus coadjuvantes. As reuniões, no entanto, somente se realizavam à noite e eram pouco frequentadas, a fim de não levantarem suspeitas. Os fiéis se obrigavam ao revezamento, para que mais sutilmente todos se permitissem ao culto que amavam. Então, discutiam os assistentes pontos importantes das escrituras ou do *Talmude* e programas de defesa contra as hostilidades de que eram vítimas; maldiziam os cristãos, bradavam aos Céus por entre lágrimas, reclamando proteção ou vinganças contra as atrocidades que suportavam; concitavam-se à perseverança na lei de Moisés e no ensino dos profetas; intrigavam, atiçando ódios contra os perseguidores; planejavam fugas e até conspirações e assassínios, os quais jamais chegavam a realizar, e prometiam, uns aos outros, sob solenes juramentos, por si próprios e suas descendências, o culto eterno a Israel. Na realidade, entretanto, eram inofensivos, grandemente sofredores, e longe estavam de ombrear com a maldade e a vileza de um Hildebrando de Azambuja, um João de Melo e seus comparsas comuns.[26] Distribuíam esmolas aos domingos, à porta das igrejas, afetando uma piedade religiosa que não sentiam... e o faziam por observarem duas finalidades: tradição do rito hebreu, que ordenava distribuição de pão aos pobres, à hora dos ofícios considerados sagrados, e exibição, para apreciações dos seus eternos observadores, de uma virtude que conviria fazer passar por inspirada em princípios cristãos, mas que não passava de automatismo farisaico.

Espionando sempre, o novo criado João-José descobriu a sinagoga clandestina, acompanhando, imperceptivelmente, o amo nas escapadas noturnas periodicamente realizadas, pois, como sabemos, funcionava aquela cátedra moisaica a adiantadas horas da noite, graças ao rigor das circunstâncias. Desejando, porém, cair definitivamente nas boas graças dos ilustres mandatários do Santo Ofício, o pretenso judeu espanhol, agora espião católico, não participara seus inquisitoriais senhores da importante descoberta, esperando algo mais particular, implicando também o resto da família, dadas as vantagens existentes para as finanças próprias no fato de apontar a família toda judaizando acobertada pelo batismo e suposta conversão. Continuou, assim, espionando os pobres amos, os quais, supondo-o servo leal e sofredor, como eles próprios vítima de injustificadas hostilidades, nem sempre se acautelavam devidamente, como seria de bom aviso em face de um estranho admitido no convívio da família. E transcorriam os dias, cientificando-se João-José e sua mulher do que faziam os amos, do que falavam, das lágrimas que choravam, das esperanças que os reanimavam ou do desânimo que os abatia... e, no entanto, não se compadeciam deles...

---

[26] N.E.: João de Melo – outro célebre inquisidor de Portugal, da mesma época.

11

Era domingo, à tarde. A família Aboab encontrava-se reunida no amplo jardim do solar, sob o frescor das oliveiras evocativas, cujas galhadas se estendiam em proteção aos canteiros de plantas mimosas, contra os rigores do Sol. Decorria o verão e, desde que se tornaram suspeitos às leis da Inquisição, os Aboab já não conseguiam visitas nem contavam com os comensais, visto que assim se pautava a sociedade de Lisboa em torno dos infelizes hebreus, pela época. Os jardins do solar judaico eram interiores, como sabemos. À frente da habitação, murada e como fortificada, havia pátios atijolados, como nas casas nobres, varandas e abrigos para carruagens, viaturas, "cadeirinhas" etc. No interior, porém, ficavam pomares e jardins, sendo estes localizados no centro da habitação, a qual, toda avarandada, ao gosto oriental, lembraria também claustros conventuais. Comumente a família se reunia ali, à tarde, para confabulações íntimas ou, à sesta, para ouvir as melodias entoadas pela doce Ester. Era igualmente o local preferido para conversarem no seu dialeto tradicional, acerca da história da raça. E Timóteo, então, tomando a palavra, recordava os antigos patriarcas de Israel, narrando aos filhos atentos as grandezas e vicissitudes do seu povo. Lia-lhes, depois, contrabalançando o ensino fornecido pelos mestres dominicanos, o *Talmude* – o livro da sabedoria – ou as próprias escrituras, e, comentando-os, como doutor da lei que era, instruía quanto podia a família na religião dos seus antepassados, o bastante para infundir-lhe no caráter e destilar no coração aquele orgulho de raça, o exclusivismo sombrio e rígido que produziu a maior vicissitude, dentre tantas, que sofreu o povo israelita, mas que também forneceu o padrão inconfundível do seu valor característico.

As maiores cautelas eram tomadas em tais ocasiões, conforme dissemos para trás. E conquanto estivessem certos de que os serviçais não lograriam atingir aquele recinto, era bem verdade que se fechavam prudentemente, isolando o jardim e assim evitando a possibilidade de serem surpreendidos por quem quer que fosse. Com a prisão de Joel, já desorientados e convencidos de que não tardaria o momento em que eles próprios seriam igualmente detidos pelos sequazes inquisitoriais, seu único lenitivo era reler os profetas e reestudar as consolações contidas nos livros tradicionais da crença, e o faziam isolados no jardim. Bem ao centro deste, e protegido pelos tamarindeiros e as oliveiras, existia um grande tanque com formosa coluna e taça de mármore encimada por três canais em feitio de tulipas artisticamente dispostas, dos quais esguichavam as águas, fazendo transbordar a taça para manter sempre límpido o pitoresco lago. Precisamente no pedestal da coluna, cujas bases roçariam a flor das águas, havia um bloco de mármore em forma de grande caixa, mais alta que larga, e cujas paredes artísticas encobriam certa portinhola, como se o bloco ou caixa nada mais fosse do que um esconderijo, cofre de segredo para algo muito valioso que necessitasse ser negado a vistas estranhas. O detalhe passaria despercebido a todos os olhares e investigações, pois tais modelos de chafarizes eram comuns e ninguém suspeitaria tratar-se aquele de um estratagema para algo encobrir. Três passagens estreitas, como graciosas pontezinhas, ligavam o bloco de mármore ao terreno do jardim, enfeitando a peça que, realmente, se mostrava interessante.

Nessa tarde de domingo, tristes e apreensivos, reuniram-se os Fontes Oliveira em volta do tanque, no intuito de mutuamente se reconfortarem na intimidade doméstica. Ester entoava aos ares, como em surdina de prece, acompanhando-se à cítara, o *Salmo* 70 de Davi, e sua voz doce, magoada, era como a tradução das lágrimas dos próprios filhos de Israel flagelados desde milênios por opressões constantes. Choravam o velho Timóteo e os dois filhos, Saulo e Rubem, a fronte curvada, o coração cruciado e inconsolável, o ânimo já desfalecente ante a persistência e fereza das provações impostas pela violência da Inquisição, enquanto Ester soluçava aos sons enternecidos do suave instrumento:

Em ti, Senhor,
Tenho esperado longamente...
Não seja eu, jamais,
Por ti esquecido...
Livra-me, Senhor,
Na tua bondade e justiça,
De todos os males
E de todos os perigos...
Põe-me a salvo, meu Deus!
Inclina sobre mim
Teu coração de Pai,
E salva-me
Destes atrozes males,
Porquanto,
A minha firmeza,
A minha esperança
E o meu refúgio
És Tu!

Deus meu!
Livra-me da ira
Do inimigo pecador!
Daquele que procede
Contra a tua lei!
E também
Do que pratica
Tanta e tanta
Iniquidade!

Porque Tu, Senhor,
És a minha fé
E a minha
Paciência!
Tu, Senhor,
És a minha esperança
E o meu
amor!
A minha alegria
E a minha fé!
E espero em ti, Senhor,
Desde os dias
Tão distantes,
E tão ditosos,
Da minha infância
E da minha
Mocidade...

Quando os acordes maviosos cessaram, o pequeno Rubem, a um sinal do pai, encaminhou-se para uma das três pontezinhas do tanque, não sem investigar, com olhos temerosos, os recantos do círculo onde se achavam as galhadas dos arvoredos, o alto dos telhados e dos muros e os tufos de arbustos do jardim. Saulo advertiu:

— Não há cá ninguém, eu investiguei...

Enquanto Ester ajuntou:

— Examinei todas as portas: estão trancadas pelo lado de cá...

E Timóteo interveio desesperançado:

— Pouco importa que nos descubram agora ou mais tarde... Joel já lá está... e poderemos ir ter com ele... Estamos todos irremediavelmente condenados... A prisão, a tortura e a morte rondam nossos passos... Não tardarão a nos aniquilar de vez... tenhamos ou não infringido a lei...

Reanimado pelo fatalismo pressago do pai, o moço judeu encaminhou-se para o bloco de mármore do pedestal do repuxo, acionou o segredo existente, fazendo mover a parede da caixa, e, introduzindo o braço na cavidade, retirou um grande e precioso livro escrito em hebraico – o *Talmude* –, o livro precioso da sabedoria de Israel, acompanhado de velhos pergaminhos dos livros dos profetas. O bloco de mármore seria, portanto, um simulacro da arca sagrada do povo hebreu, na qual se guardavam das profanações exteriores os ensinos dos filhos de Abraão, de Isaque e de Jacó...

Timóteo pôs-se a ler e comentar, para os filhos, o tema do dia. Ao terminar, concedeu a palavra a Saulo e a Rubem, respectivamente, como de praxe nas igrejas judaicas, nas quais a palavra é concedida a qualquer que dela queira usar, excetuando-se as mulheres, que não tinham o mesmo direito. No entanto, enquanto assim cumpriam seus deveres religiosos, um fato marcante para suas vidas começava a desenrolar-se no próprio recinto de sua residência, sem que, todavia, nenhum dos presentes sentisse a mais leve suspeita, pois continuaram a "judaizar".

João-José, que se conservava alerta a todos os detalhes da vida dos amos, desejou verificar o que poderia tanto entretê-los sob o frescor dos arvoredos. Tentou espioná-los sutilmente, penetrando dependências vedadas aos criados, para atingir o jardim que, como explicamos, era interior, como em um claustro conventual. Seria, porém, temerário o intento, visto que poderia ser descoberto. Suspendeu-se, então, ao telhado do abrigo das carruagens e viaturas, posto no pátio de entrada. Passou-se daí para o telhado da casa propriamente dita. Arrastou-se como pôde, ocultando-se por entre as chaminés e os rendilhados arquitetônicos, alcançando, finalmente, um terraço de onde poderia contemplar as cenas e até ouvir os debates e conversações, sem ser notado. Ornado de balcões de alvenaria em forma de graciosas colunas, tão do gosto dos antigos mouros, esse terraço oferecia excelente posto de observação. O espião conservou-se abaixado e tudo presenciou, inclusive o esconderijo do livro venerado pela família.

Alguns dias depois, plenamente informado de todos os passos e atos de Silvério Fontes Oliveira, apresentou-se o espião aos seus inquisitoriais chefes e lançou a denúncia terrível, cujas repercussões ainda nos dias presentes lhe torturam a consciência, visto que ainda se debate o seu Espírito contra os abomináveis complexos que tal vileza ocasionou para seus destinos futuros.

Silvério Fontes Oliveira – denunciava o servo traidor –, que se afirmava fiel à Santa Igreja, que se batizara em ato solene, recebendo as puras águas lustrais; que recebia, periodicamente, a sagrada Eucaristia, atraiçoava os juramentos pronunciados, como a confiança da mesma Igreja, pois continuava praticando o Judaísmo, não apenas dentro do próprio lar, pervertendo os filhos, que se educavam sob os cuidados de devotados religiosos, mas também chefiando uma sinagoga oculta, como Rabino que fora, rodeando-se de cristãos recém-convertidos para a prática de mil inconveniências condenadas pela Santa Inquisição. E não era só: a esta mesma insultava, dela maldizendo e execrando-a em casa, em presença dos filhos e dele próprio, João-José, ou durante as concentrações na sinagoga, criticando e abominando igualmente os ilustres e abnegados representantes do Santo Ofício. Forneceu ainda, o delator, as necessárias informações para ser colhido o flagrante de heresia e desrespeito à autoridade nacional. E nada esqueceu que pudesse acirrar o furor dos inquisidores, que, sedentos de sangue e represálias, se banhavam em satânico prazer sempre que lhes fosse dado estender as garras para triturar indefesas criaturas, cujo crime único seria possuir crença religiosa diferente daquela que seus algozes entendiam ser a única verdadeira e divina.

12

Três dias depois da denúncia, era sábado, o dia consagrado pelos hebreus aos deveres religiosos. Realizar-se-ia a reunião dos adeptos de Moisés e dos profetas no local conhecido, e o Dr. Timóteo não poderia faltar porque era o intérprete, o que melhor conhecia as intrincadas leis do Judaísmo, para instruir o povo.

Desusada movimentação verificava-se na chamada *Casa da Inquisição*, isto é, na sede da Instituição, pois que o Inquisidor-mor, o vice--inquisidor, seus adjuntos, a milícia do Santo Ofício e até soldados do Rei encontravam-se a postos para a batida daquela noite em uma sinagoga clandestina que acabara de ser denunciada, a fim de se lavrar o flagrante dos falsos cristãos, como eram denominados os infelizes hebreus forçados a uma conversão que lhes repugnava. João-José entrava e saía, febricitante, do sinistro edifício, delator por ambição ao ouro, malévolo, possuído de odiosas alegrias ao prelibar o gozo ignóbil de embolsar respeitável quantia após a conclusão do serviço. Até que a noite caiu e começaram a se reunir na dita sinagoga os judeus cujos corações revoltados procuravam lenitivo na evocação da antiga crença que lhes embalara a infância. O Dr. Timóteo lá estava, à cátedra, investido do seu ministério de intérprete da Lei... quando pancadas soaram nos portões, repetidas e aterrorizantes, seguidas de arrombamentos de portas com alavancas, barras de ferro etc., e a invasão dos soldados do Rei e do Santo Ofício. Alguns daqueles infelizes, espavoridos, tentaram a fuga, mas a casa, inteiramente cercada, era invadida de todos os lados, sem alaridos, sem rumores inúteis, porque a Inquisição era discreta, sabia agir em silêncio, dentro das sombras da noite e adentro dos muros das suas prisões, sem repercussões perturbadoras da ordem. O pelotão, porém, era comandado, ou orientado, por três dominicanos encapuzados e mascarados, a fim de não serem reconhecidos. Vendo-os, porém, Aboab, majestoso, altivo, e provando, na hora derradeira, o orgulho da sua raça, reconheceu-os imediatamente e exclamou:

— Oh, sim! Prendei-me, Sr. D. Frei Hildebrando de Azambuja! Agradeço a honra que me concedeis vindo pessoalmente aprisionar o vosso anfitrião e amigo, em cuja mesa vos regalastes de bebidas e comezainas como os porcos o fazem em suas pocilgas!... Para um Inquisidor-mor, a atitude é tão comezinha quanto o é o próprio caráter da Instituição e dos seus funcionários! Possuís criados e soldados... Deveríeis antes vos terdes conservado em vosso posto de comando do que no de lacaio de um Rei infame!

Virou-se para os companheiros de ideal religioso e prosseguiu:

— Apresento-vos o Inquisidor-mor de Portugal, D. Frei Hildebrando de Azambuja! A ele ficaremos devendo as desgraças que sobrevierem sobre nós e nossa descendência... Chegai Fausto, Cosme de Mirandela! Chegai sacrílegos e obscenos irmãos, incestuosos e hipócritas, que aviltais a própria crença, ao afirmardes que a professais! Prendei-nos, blasfemos, que desonrais o próprio nome do "Santo dos Santos", ao proferi-lo! Ó réprobos dos infernos! Eu vos amaldiçoo do alto desta cátedra sagrada, da cátedra do povo de Israel, que difundiu entre os homens a crença e a confiança no verdadeiro Deus Todo-Poderoso, investida de uma autoridade que os milênios não apagam! Amaldiçoo-vos! E, se a alma de um homem se perpetua, realmente, depois da sua morte, tereis a minha e a dos meus filhos – meu sangue e minha carne, que ides sorver e devorar – acompanhando-vos quais sombras vingadoras, que vos perseguirão pela consumação dos evos...

As mulheres presentes prorrompiam em prantos e lamentos compungentes, certas do que as aguardava na *Casa da Inquisição*, enquanto Aboab terminava a maldição:

— Sei que a fogueira aguarda a mim e aos meus filhos... mas ouvi, malditos, antes que a tortura dos vossos subterrâneos emudeça a minha língua: – jamais admiti a vossa crença! Odeio-a como odeio a vós outros! Por amor dos meus filhos, apenas, fiz que a aceitei, quando a vossa tirania ma impôs! Porém, desprezo-a como a vós desprezo, porque uma crença que induz os seus adeptos aos crimes e vilezas que praticais não é uma religião, mas a mais absurda e execrável das heresias, cuja cruel atuação será a vergonha da posteridade, que vos há de julgar e condenar como hoje julgais e condenais homens indefesos, vossos compatriotas, que nasceram sobre o mesmo solo e vivem sob a mesma bandeira!

Disse-o e cuspinhou no chão em direção a eles, com nojo e escárnio, ato que, entre os da sua raça, era a suprema afronta, o mais vil insulto. Não mais logrou, no entanto, sequer o tempo necessário para ultimar o ultraje, porque soldados caíram sobre ele, a um sinal do inquisidor mascarado, que não se dignara pronunciar uma única palavra; manietaram-no, espancaram-no, retiraram-no do interior da casa amarrado a cordas, e, arrastando-o pelas ruas, de encontro às lajes incertas, como se o fizessem a um trapo desprezível, blasfemavam insultos, enquanto os gêmeos de Mirandela, correndo ao encalço dos verdugos que o arrastavam – sinistra comitiva de uma abominação que o homem hodierno não chegará a bem compreender –, vociferavam excitados, coléricos:

— Poupai-o! Poupai-o! Queremo-lo vivo e bem vivo! Precisamos que ele viva! Bem vivo!...

Todos os demais, surpreendidos em flagrante de Judaísmo quando já haviam recebido o batismo da Igreja e eram considerados, por esta, cristãos, foram encarcerados nos subterrâneos da *Casa da Inquisição*. Arrastado pelas lajes qual um trapo inútil, semimorto, ferido, banhado em sangue, o Dr. Timóteo viu-se atirado a uma espécie de poço úmido, manietado como se encontrava. O desgraçado sabia que ia morrer, mas não o ouviam lamentar a própria sorte, senão repetir estas pungentes e altivas palavras:

— Matai-me, despedaçai-me, pois sou judeu, com efeito! Mas tende piedade dos meus filhos, que são inocentes e nem conhecem a existência dessa cátedra! Eles são cristãos, nascidos em Portugal, educados por mestres dominicanos! Jamais desobedeceram às leis! Piedade... piedade para meus filhos!...

Abandonaram-no na masmorra soturna, povoada de insetos imundos e ratos vorazes, que logo entraram a atacá-lo por entre mil torturas indescritíveis...

Entrementes, Hildebrando e seus acólitos se reuniram em sessão secreta, radiantes com as prisões efetuadas, a fim de discutirem quanto ao destino a darem ao resto da família Aboab.

— Prendamo-los a todos – incitavam Fausto e Cosme, cujas opiniões eram idênticas em quaisquer circunstâncias. — São da mesma raça... Convém exterminá-los de vez, a bem do decoro da nossa legislação religiosa...

— Legalmente não o poderemos fazer, visto que não existem suficientes razões... Ao demais, são duas horas da madrugada... – aparteou alguém da diabólica assembleia, ainda não de todo corrompida.

— A Santa Inquisição age como bem lhe aprouver, pois que é autônoma... e, acima de tudo, houve denúncia de que toda a família vem "judaizando" desde muito, o que é proibido por lei... e esta nos dá o direito de uma devassa em regra no domicílio suspeito... – acudiu frei Hildebrando, afetando zelos pela Instituição, mas a rigor premeditando algo deplorável acerca da infeliz Ester.

Dramas da obsessão

— De outro modo, uma vez Silvério aprisionado, assistir-nos-á o direito de confiscar-lhe os bens... – acudiram os gêmeos, ambicionando o que ainda restava da mansão cobiçada.

— Sim! – voltou Azambuja – confiscar-lhe-emos os bens! Aquele miserável judeu é riquíssimo, embora tente convencer que se encontra arruinado... São duas horas da madrugada... Convém devassarmos o domicílio agora, a fim de evitarmos alaridos e escândalos com a luz do sol... Investigaremos esconderijos onde possam existir comprovantes de heresias e de riquezas... a fim de que algo aproveitemos a tempo... visto ser de lei que seja o Estado que lucre com a confiscação... Quanto àquela jovem... à menina Mariana... Bem... Resolveremos depois o seu destino... Foi educada por irmãs dominicanas... Incumbo-me dela...

Tais vilezas eram comuns. Ninguém aparteou... e o grupo sinistro rumou para o solar judaico, em cujo interior era tudo silêncio e quietação.

Não obstante, velavam ainda os seus habitantes, porquanto, inquietos com a prolongada ausência do seu querido chefe, Ester e os primos pressentiam algo temeroso delineando-se sobre suas cabeças. Subitamente, perceberam vozerio e bulha incomum no pátio da entrada principal. Acorreram, curiosos, às rótulas das janelas e recuaram apavorados: à luz vermelha e crepitante de tochas sustentadas por pajens batedores, cinco soldados armados e cinco clérigos mascarados com grandes capuzes entravam pela porta principal da residência – como conviria a autoridades – guiados por João-José, que lhes abrira os portões e agora descerrava serenamente a porta do edifício, secundado pela mulher.

Espavoridos, os dois jovens, Saulo e Rubem, procuravam ocultar-se pelo interior dos armários, sob as camas e os aparadores, enquanto Ester tentava serená-los e detê-los, exclamando com heroísmo e ânimo varonil:

— Mantenhamos ao menos a dignidade de enfrentarmos o martírio com serenidade para morrermos com heroísmo, sem jamais patentearmos pusilanimidades diante dos algozes! – ao passo que Saulo gaguejava, trêmulo de terror e de revolta, ante a arbitrariedade que os violentava:

— Não! Não poderão prender-nos a uma hora destas, sem que cometêssemos delitos que justificassem tal violência! Não podem! Não cometerão tal iniquidade! Temos o direito de defesa e justificativas, que a lei nos concede! Tratar-se-á, porventura, de ódio particular, de perseguição oculta, à revelia da lei? Meu Pai, ó meu Senhor e Pai! Socorrei-nos! Socorrei-nos! Misericórdia, ó Deus Eterno, pois somos daqueles vossos legítimos filhos, da raça dos vossos santos profetas!... É a Inquisição que nos vem prender, ó Deus! É a tortura, é a fogueira! O fogo! O fogo! Irão queimar-nos vivos, como fazem aos demais?!... Ó meu pobre irmãozinho querido, Rubem! Foge, Rubem! Foge para qualquer parte, que já estaremos desgraçados! Socorro! Socorro! É a Inquisição que chega! Os frades! Os inquisidores! Deus do Céu, são os dominicanos!...

Abraçavam-se os dois irmãos excitados, aterrorizados ante o que viam, derramando copiosas lágrimas, prostrados de joelhos sem bem compreenderem o que faziam, enquanto Ester, junto deles, envolvia-os em um só abraço, como desejando protegê-los contra o perigo iminente, pois já os perseguidores entravam violentamente no recinto pela porta aberta, com estrondo, pelo servo infiel. À vista de Ester, tão bela, tão altiva e indefesa entre os primos, moralmente ainda mais frágeis do que ela, os algozes tiveram um instante de indecisão, como se algo em suas consciências se envergonhasse da soez atitude que tomavam, devassando indebitamente um lar respeitável onde poucos dias antes ainda eram recebidos como amigos. A jovem, porém, reanimada, ergueu-se e, fitando-os com dignidade e brandura, interrogou:

— Poderão informar-nos, senhores, da razão desta violência...

Frei Hildebrando aproximou-se mascarado, deixando-se reconhecer, no entanto, pelo indisfarçável tom vocal:

— Descansa, querida menina... – exclamou, afetando bondade assaz suspeita –, e confia em nossa proteção... Nada desagradável sucederá a ti se concordares em ser razoável e obediente... pois apenas desejamos a tua felicidade pessoal... A lei, porém, impõe-nos o ingrato dever de uma busca neste domicílio, porque houve denúncia de que aqui se pratica o Judaísmo...

Aproximou-se mais e tocou-a no braço, em um gesto ousado, protetor. A jovem desvencilhou-se e ele prosseguiu:

— Ficarás sob minha tutela, no Convento das boas dominicanas... Nada terás a recear do tribunal da nossa Santa Instituição, afianço-te... porque o tribunal sou eu...

— Não, nunca! – revidou ela com ousadia. — Prefiro antes a prisão e a morte com os meus, a tortura, a fogueira, apesar de ser cristã!...

Correu para os primos, com eles se abraçando, enquanto riram, desdenhosos, os sinistros invasores. Eis, porém, que fora iniciada a inspeção no domicílio. Revolveram-se armários, cofres, arcas. Em verdade, estabelecia-se o saque à revelia da lei, pois, ambiciosos e avaros, convinha sempre aos magnatas da Inquisição invasões noturnas dessa natureza, a fim de burlarem a lei civil ou o governo, no tocante aos bens que por este seriam confiscados após a condenação, cerimônias estas, levadas a cabo invariavelmente sob rigorosa formalidade, dita ou considerada legal. Todavia, do que encontravam, então, de valor, Hildebrando e seus comparsas se apossavam como quaisquer roubadores inescrupulosos, afirmando tratar-se de bens heréticos e macabros, que a "piedade cristã" aconselhava serem convertidos em espórtulas às igrejas e aos desprotegidos da sorte, a fim de contribuírem para o alívio das almas dos seus infiéis possuidores, que se achavam caídos em pecado mortal. João-José insistia junto deles, insofrido e excitado:

— Procuremos no jardim as provas de heresia, Rev.mos! É no chafariz do tanque que se encontra o esconderijo! Existe lá o livro herético dos judeus, o qual estes Aboab veneram e discutem aos domingos, como fariam nas sinagogas...

E realmente encontraram, na arca dissimulada no pedestal de mármore do chafariz, o livro tradicional da raça, em cujas venerandas páginas toda a família, desde os remotos ancestrais, sorvia energias morais, a consolação espiritual tão necessária nas horas deprimidas pela angústia, como nos dias dolorosos de expectação ante o fim trágico que finalmente chegava. O próprio Rubem, premido pelas odiosas imposições da sinistra comitiva, houve de desvendar o segredo da abertura, visto que não souberam decifrá-lo os homens do Santo Ofício. E fê-lo banhado em lágrimas o infeliz rapaz, a si mesmo considerando traidor por haver deposto nas mãos dos mais terríveis inimigos da sua raça o penhor religioso venerado por todos os hebreus. Frei Cosme esbofeteou-o, vendo-o relutar em entregar o precioso texto. E o pobre adolescente irritado, os nervos exaustos por uma expectativa prolongada e uma revolta exacerbada, investiu para ele, constatando que lhe tomavam o livro; e, tentando revidar a ofensa, cuspinhou-lhe no rosto ainda mascarado, pregando-lhe ainda os dentes com força na mão por que fora esbofeteado. Não concluiu, todavia, a expansão dos seus revides. Via-se tolhido pelos brutais apaniguados do Santo Ofício, em um minuto amarrado com sólidas cordas, enquanto Ester, desfeita em lágrimas, corria intentando socorrê-lo, e Saulo investia, defendendo-o; mas, igualmente no curto espaço de alguns instantes, viu-se a jovem amordaçada e amarrada, carregada pelos braços possantes de um sequaz de Hildebrando, metida dentro de uma carruagem fechada, onde em seguida tomou lugar este mesmo célebre e cruel inquisidor, rodando para local ignorado por ela. Dizia-lhe ele, no entanto, aos ouvidos aterrorizados, emocionado e arrogante:

— Acalma-te, querida menina! Nada desagradável te sucederá, já to disse! Sou o homem mais poderoso de Portugal! O próprio Rei curva-se em minha presença! Amo-te! Amo-te e quero-te como um insensato, como um louco! E tu estás sob minha proteção! Serás grande, tão poderosa qual uma rainha, se o desejares! Apenas uma condição imponho: sê minha! Consente em me amar também um pouco!...

    E rodava a carruagem pelas ruas de Lisboa, imersa em trevas... Ficavam para trás, encobertos pelas sombras do pretérito, o lar que ela tanto amava, a família, o amor, a felicidade... e Saulo e Rubem, manietados quais ferozes malfeitores, espancados, arrastados como se mais não fossem do que trapos inúteis, que se incluiriam no monturo...[27] Todavia, partindo, Ester pudera ainda observar que Saulo gargalhava e chorava, bramia e suplicava, afigurando-se que o infeliz adolescente perdera a razão, não resistindo à tensão traumática de uma rude e longa expectativa de desgraças finalmente verificadas. Alguns minutos depois, a jovem hebreia não mais pôde perceber o que se desenrolava ao redor de si e tampouco o local para onde a conduziam, pois desmaiara ao lado de Hildebrando, vencida por violenta emoção.

---

[27] N.E.: Não era comum a prisão de filhos menores de judeus. O fato aqui narrado parece tratar--se de vinganças pessoais. No entanto, a Inquisição deixava-os, geralmente, ao mais completo desamparo, segundo reza a História.

13

Não alongaremos a nossa história, descrevendo ao paciente leitor as *démarches* do processo de condenação da infeliz família Aboab, o qual, como todos os demais movidos pela Inquisição, foi vergonhoso pela má--fé dos seus executores, injusto e vil, como atestado que era de uma época sombria, em que o excessivo ardor religioso, mancomunado com leis civis despóticas e tão apaixonadas quanto ineptas e cruéis, distribuía, em nome da Verdade, o vírus de irreparáveis calamidades sociais, esquecido de que a missão da Fé, como a da legalidade, seria antes consolar e proteger almas aflitas e inexperientes, encaminhando para o Bem e, portanto, para Deus, quantas criaturas desnorteadas pela ignorância se achegassem à sua sombra. Acrescentaremos apenas, evitando que o nosso noticiário se torne incompleto, que o Inquisidor-mor, como sempre, colocou a serviço do seu mau--caráter todos os requisitos da perversidade de que era capaz o seu coração diabólico, torturando seus antigos anfitriões com a ferocidade demonstrada nos demais processos a que presidia e orientava. Negara toda espécie de consolo e alívio aos infelizes Aboab. Com os próprios bens confiscados, destituídos de quaisquer recursos na solidão dos calabouços, impossibilitados de se entenderem com amigos e correligionários, ainda porque nenhum destes se atreveria já a se apresentar como tal, os desgraçados não esperavam senão a morte na fogueira, como suprema esperança para o término de tão rigorosas desventuras!

Mantidos em prisões isoladas, não lograram o alívio de se reconfortarem uns aos outros, senão o ataque de ratos vorazes e vermes imundos, que agravavam o seu inconcebível martirológio. Dali saíam, periodicamente, apenas para a sala de torturas. Tratava-se de dependência subterrânea, armada em pedra e alvenaria, com longas arcadas impressionantes e teto em abóbada, local sinistro, carregado de vibrações dolorosas, odiosas, rodeado de sombras, onde o cheiro repulsivo do sangue humano e da carne queimada pareciam estigmas degradantes, e onde se passavam, em segredo para os homens, mas visíveis a Deus, os mais abomináveis crimes cometidos na face da Terra! Então, eram submetidos a interrogatórios contundentes como a outros tantos suplícios, durante os quais os algozes encontravam ocasiões sempre fáceis para intercalarem sofismas e interpolações soezes, raciocínios falsos e comprometedores para as vítimas. Somente nessas horas cruciantes podiam os infelizes se avistar, à exceção de Ester, que jamais aparecera, e se contemplavam famintos e imundos, esquálidos e deprimidos, atrelados a colunas, a fim de não tentarem sentar; e ali, tendo à frente os demais membros da família, sofriam vexames e insultos, humilhações e tratos de que a Inquisição fora sempre tão fértil em inventar para suplício de milhares de vítimas que fez durante séculos![28] Assim foi que – conforme entrevimos no início destas narrativas – Aboab e os filhos tiveram as unhas e os dentes violentamente arrancados, as carnes dos braços e coxas, e as solas dos pés queimadas com tenazes em brasa; os punhos retorcidos e deslocados, suplícios estes lentos, que não matavam com rapidez, mas torturavam até o paroxismo do horror, afirmando os mandatários da execrável Instituição que semelhantes tratos seriam antes benemerentes porque predisporiam as almas hereges ao próprio salvamento das sombras infernais, depois da morte. Tão patético martirológio estendeu-se por seis longos meses, durante os quais nem sequer um aceno de esperança viera suavizar as trevas em que se convertera a existência do desgraçado Timóteo e seus três filhos

---

[28] N.E.: Segundo revelações da História, um desses pavorosos suplícios consistia em colocar-se a vítima atada a um catre, ou mesa, e retalhar-lhe as solas dos pés, untá-las com azeite e chegar-lhes o fogo lento. Acossada em tais condições pelos exasperados sofrimentos, a vítima confessava o que seus algozes desejassem e tal confissão seria o caminho para a condenação à morte na fogueira. Muitos outros suplícios assim atrozes eram praticados. Em Portugal e na Espanha tais vítimas eram sempre de raça judaica.

e ainda o velho Gabriel, que fora o primeiro a sucumbir. Suplicava aquele, invariavelmente, que lhe despedaçassem o corpo, torturando-o ainda com maiores requintes de crueldade, mas que poupassem seus filhos, que eram cristãos e inocentes de quaisquer faltas contra a Inquisição. Que lhe dessem, por misericórdia, notícias de Ester, por cuja sorte se exasperava de ansiedade e terror! No entanto, respondiam-lhe os verdugos com bofetadas e torturavam os três jovens ainda mais caprichosamente, em sua presença, causando ao desgraçado pai, a quem mantinham atrelado a uma coluna de pedra, os paroxismos da raiva e da desesperação. Hercúleo e enérgico, Joel resistia aos tratos terríveis, não obstante a extenuação que diariamente se acentuava, esperançoso até final de algo indefinível que o libertasse, permitindo-lhe investigar o paradeiro da noiva a fim de socorrê-la e poder vingar-se... Saulo e Rubem, no entanto, enlouqueceram ante a crueza dos sofrimentos, dada a extrema juventude, que favoreceria choques nervosos irremediáveis, havendo o último sucumbido atrelado à coluna, ou pelourinho, diante do pai e dos irmãos, enquanto o outro expirara dias depois, ambos se livrando, assim, da morte pelo fogo, mas não escapando da incineração do cadáver em vistosos "autos de fé" em praça pública, como era de praxe nos códigos da execrada Instituição.

Certa vez, ao chegarem Timóteo e Joel à sala de torturas, já inteiramente desfigurados pelo longo martírio, depararam Ester também atada a um pelourinho, inteiramente desnuda e rodeada por algozes mascarados. A infeliz judia, em cuja fisionomia se estampava o horror perfeito, suplicava por entre lágrimas e gritos lancinantes que lhe tirassem quanto antes a vida, mas que cessassem de submetê-la às ignomínias com que, na sua qualidade de mulher, se via supliciada! Não apresentava pelo corpo sinais de tratos inquisitoriais, havendo o Dr. Timóteo e o filho compreendido, em um momento, a vileza dos sequazes da Inquisição, que, geralmente, profanavam cruelmente as virgens hebreias antes de atirá-las à fogueira!

Experimentando, naquele instante, novo gênero de suplício, superior em intensidade a tudo quanto já sofrera até então, Joel, enlouquecido, investiu, em um instintivo impulso, no intuito de socorrê-la; mas vários braços o tolheram, espancando-o, torturando-o, atrelando-o à coluna costumeira. Então, por entre gritas de desespero, blasfêmias e insultos atirados até mesmo contra o próprio Criador, o desgraçado jovem cientificou-se de que Ester – o seu imaculado lírio, em cujas faces jamais roçara os lábios por se não julgar bastante digno de tal mercê, pela só razão de ser homem – fora aviltada na sua candidez virginal pela ignomínia de Hildebrando de Azambuja, que a raptara e conservara prisioneira em local indevassável; que faustos e honrarias oferecera-lhe ele para que se adaptasse de boa mente à ingrata situação, mas, como a jovem preferira conservar-se revoltada contra o atentado vil, testemunhando-lhe todo o desprezo que lhe votava, vingara-se ele, cruel e satânico até o fim, submetendo-a violentamente a todas as suas torpezas durante algum tempo, para depois abandoná-la aos caprichos dos seus demoníacos colaboradores, os quais, eternos ébrios, a haviam exposto ao mais aviltante dos martírios que poderá atingir uma mulher! E agora ali estava ela, indefesa, à espera de martírios novos, em presença do tio e do noivo... para, alguns dias depois, sem mais avistá-los, morrer na fogueira... suave arremate de tão profundas desgraças...

Calara-se o patriarca, conservando-se pensativo durante alguns instantes. Eu e meu Assistente Roberto, comovidos, sentíamos igualmente confrangidos os nossos corações. Aguardávamos em silêncio, desencorajados de algo mais interrogar, certos de que o ensinamento seria completado. Dentro em pouco, efetivamente, a respeitável entidade, após um aceno que interpretaríamos como a tradução de um profundo pesar, continuou bondosamente, oferecendo-nos o ponto final das suas informações:

— Resta-me acrescentar ainda, ao noticiário que me destes a honra de requerer, que o infeliz Timóteo, esse obsessor intransigente, que há quatro séculos persevera na vingança, esse inimigo implacável de Leonel e família, o qual tendes acolá, hospedado na vossa agremiação terrena de estudos e trabalhos beneficentes, para um devido, supremo entendimento, foi levado à fogueira com seu filho Joel, poucos dias após a cena última, ignorando o paradeiro da pobre Ester. Encontravam-se já semimortos pelos maus-tratos sofridos e meio dementes de dor e desesperos;

e morreram por entre revoltas e blasfêmias, repudiando a própria crença em Deus ante o destino que tão adverso lhes fora, possuídos de um ódio demoníaco por seus perseguidores e algozes, ódio e revolta que deveriam cavar para ambos, e os demais filhos, um abismo de trevas que se alonga já por quatro séculos! Ester, ao contrário, humilde e resignada, tendo aceitado, desde muito, nos recessos da alma, a verdadeira crença no Messias de Deus, anunciado pelos profetas da sua raça, reconhecendo nesse perseguido de Jerusalém um mártir sublime, digno de ser amado e imitado, extinguiu-se na fogueira beijando e banhando de lágrimas a cruz da redenção... e quantos se encontravam pelas imediações do patíbulo crepitante afirmaram tê-la ouvido cantar, com voz serena e muito meiga, os olhos fixados no espaço, como prelibando a satisfação de uma realidade compensadora e empolgante, aqueles *Salmos* queridos que faziam o encantamento espiritual da família Aboab durante os serões saudosos e tão doces, sob o frescor das oliveiras do antigo solar judaico:

O Senhor é o meu pastor,
E nada me faltará...
A suaves campos me guiou
E me conduziu a fontes
De água fresca e pura...

Terceira Parte

Conclusão

...E meu Pai enviará outro Consolador...[29]

---
[29] *João*, 14:15 a 17 e 26.

1

Uma vez desencarnada – prosseguiu, finalizando, a entidade protetora – após os primeiros meses de perturbações e desesperações, a família Aboab reuniu-se por meio das correntes espirituais de afinidades e simpatias, exceção feita de Ester, cujos pendores delicados e evoluídos a encaminharam naturalmente para agrupamentos apropriados ao seu grau de evolução; os demais permaneciam nos próprios ambientes trágicos de Portugal, e, o que mais doloroso ainda se tornava, residindo, como dantes, no próprio domicílio que tanto queriam, agora de propriedade de Azambuja, que ardilosamente o requerera do erário público como pagamento de dívidas insolvidas pelos condenados. Revoltados e odientos, destituídos agora da confiança tradicional na crença ortodoxa em Moisés e os profetas, em seus sentimentos apenas bruxuleava a ideia imprecisa de um Ente Supremo a quem não compreendiam, e ao qual, por entre gritas e blasfêmias, invocavam para que os inspirasse na vingança contra os destruidores da sua felicidade e de suas vidas carnais, isto é, Hildebrando de Azambuja, Fausto e Cosme de Mirandela, a condessa Maria de Faro, que os entregara à Inquisição, e o espião João-José. E, efetivamente, durante um período quatro vezes secular, Timóteo Aboab e seus três filhos não concederam tréguas nem piedade aos seus antigos inimigos. Obsidiam-nos, perseguem-nos desesperadoramente, desde então, impelindo-os a desastres e desgraças constantes, até os dias presentes, quando tencionavam impelir todos eles, agora encarnados em Leonel e sua família, ao ato do suicídio, visto que seria esta a única modalidade de perseguição que àqueles não atingira até agora. E assim os obsidiam, quer se encontrem seus antigos algozes no Espaço, como desencarnados, quer estejam na Terra com novos corpos carnais, pois existem entre as duas pequenas falanges elos de atração tão poderosos, forjados pelo ódio e pelo crime, que impossível será a Hildebrando e seus sequazes se furtarem à presença de suas antigas vítimas, senão quando um arrependimento sincero, resoluções sadias e remissoras os inclinarem a uma modificação geral no próprio modo de proceder. O antigo rabino e seus filhos, no entanto, até o presente não concordaram com um novo ensejo reencarnatório, a despeito das ocasiões valiosas que piedosos agentes do Bem, incumbidos pela Espiritualidade de aconselharem os caracteres rebeldes e endurecidos à emenda dos próprios erros, lhes têm proporcionado. Descrentes da misericórdia do próprio Ente Supremo, de cujas leis, que não compreendem, se ressentem pelo muito que sofreram; não acreditando em amigos e na própria justiça, uma vez que presenciaram em Portugal governantes cruéis cometerem iniquidades contra os próprios súditos, mancomunados com hordas assassinas que se proclamavam intérpretes da Verdade, as quais se valiam do poder adquirido à sombra da religião para a prática de todas as paixões vis; repelindo toda a possibilidade de instrução filosófica, fornecida pelos instrutores espirituais, para um trabalho de reforma e esclarecimentos em si mesmos, a fim de que a compreensão das soberanas Leis da Criação os levasse à meditação, à conformidade e ao respectivo progresso, aliaram-se, no Invisível, a falanges obsessoras que, endurecidas no mal, espalham os gérmens da desgraça por onde passam e encontram afinidades. E, por estes instruídos e adestrados, vêm, durante tão longo tempo, cobrando a seus antigos algozes todas as lágrimas que eles próprios e seus compatriotas choraram desde o primeiro dia em Lisboa até o presente. De outro modo, os antigos inquisidores, Espíritos, com efeito, maldosos, afeitos ao erro, igualmente endurecidos, absolutamente não se preocuparam com a própria regeneração até o momento, tratando de lealmente se voltarem para Deus a fim de resgatarem o mau passado por meio de realizações benfazejas, em vez de o fazerem na expiação dolorosa. Têm,

Dramas da obsessão

ao contrário, revidado as hostilidades sempre que possível, quando desencarnados, muito embora o terror que nutrem pela presença de suas desgraçadas vítimas do século XVI, agora transformadas em algozes. E tais vêm sendo as batalhas verdadeiramente infernais que se desenrolam, desde aquela malsinada época, entre essas falanges litigantes, que Azambuja e seus acólitos, sentindo-se inferiorizados nos ardis para o revide das represálias, organizaram no Invisível uma como associação defensiva contra os Aboab... e, após mil tentativas e peripécias para se furtarem aos choques constantes daqueles, reencarnaram juntos, criando uma família carnal na Terra, por afinidades passadas, como unidos haviam sido no pretérito pela cumplicidade nos crimes praticados. E o fizeram nas seguintes posições de responsabilidades e descendência, automaticamente inspirados pela consciência culposa de cada um:

1) Hildebrando de Azambuja: o Inquisidor-mor e maior responsável pelo drama que desgraçou os Aboab: Leonel, o guarda-livros suicida.

2) Condessa Maria de Faro: cúmplice de Hildebrando no caso Aboab, a qual precipitou a pedra de escândalo para a consumação do drama, com agravantes, drama que, se ela o quisesse, teria atenuado por intermédio do esforço da boa vontade: a esposa de Leonel, cujo calvário de provações e lágrimas, nessa qualidade, formaria um volume.

3) Fausto e Cosme de Mirandela e João-José: filhos do casal reencarnado como Leonel e esposa, sendo o último Alcina, a filha suicida de Leonel. Aterrorizado ante as vinditas atrozes movidas pelos Espíritos de seus antigos amos de Lisboa, o Espírito João-José preferiu ocultar-se em uma encarnação de formas femininas, esperançado de que, assim disfarçado, não pudesse ser reconhecido. Enganou-se, porém, visto que sua própria organização psíquica atraiçoou-o, modelando traços fisionômicos e anormalidades físicas idênticos aos que arrastara na época citada. Encontrou-se, de outro modo, enredado em complexos físicos oriundos da mudança de sexo, anormalidades sexuais e mentais fáceis de fornecerem pista de reconhecimento a um

obsessor... terminando, como vimos de início, sob pressão perseguidora de Timóteo, que sistematicamente lhe apresentava, em quadros mentais, um recipiente com solução corrosiva, por qualquer pequena contrariedade doméstica, porquanto seu desejo seria apossar-se definitivamente desse Espírito, a fim de escravizá-lo à seita macabra dos vingadores judaicos existentes no Invisível, em ação contra aqueles que durante séculos vêm intransigentemente perseguindo, sem razões plausíveis, os da sua raça, sob mil formas diferentes...

2

De posse de tão preciosas informações, estabeleci o único programa lícito perante as leis da Fraternidade: tentar a reeducação dos litigantes à base da cristianização das suas individualidades espirituais, muito embora estivesse certo de que o aprendizado que se seguiria apresentar-se-ia longo e espinhoso, através de uma ou mais reencarnações. Seria tarefa árdua para nós outros, que os deveríamos aconselhar e instruir, auxiliando-os no reajustamento indispensável, mas seria necessário, imprescindível que assim fosse, e tanto eu como meus dedicados companheiros de trabalho estávamos dispostos a tentar o certame, uma vez que outro não seria o nosso dever de cooperadores do Grande Mestre nazareno. Aliás, cumpre ao obreiro tão somente a realização dos serviços confiados à sua competência, sem discutir se serão os mesmos penosos, difíceis ou de fácil execução.

Na noite seguinte à nossa entrevista com a entidade espiritual orientadora das duas falanges em apreço, realizou-se a reunião dos médiuns de minha confiança, por mim solicitada, e eu e mais alguns obreiros ligados à agremiação terrena, patrocinadora do feito, levamos ao fenômeno da incorporação o antigo Rabino e seus filhos.

Em verdade ser-nos-ia dispensável aquela reunião. Resolveríamos, sim, o lamentável drama espiritual, dispensando o concurso humano. No entanto, três fatores existiam, poderosos, que nos animavam ao feito: ensinamento e aprendizado para os próprios homens, que urgentemente necessitam conhecer os grandes dramas da Humanidade distendidos para o Além-Túmulo; ensejo de progresso para os médiuns e cooperadores terrestres nos setores da Fraternidade, que assim se habilitariam à prática de inestimável feição da Beneficência; e mais facilidade para a conversão dos endurecidos Espíritos diante do fenômeno mediúnico-espírita, cujo aspecto impressionante é de grande importância para um desencarnado.

Os debates com o presidente da mesa eram vivos, eloquentes e acres por parte de Timóteo e de Joel, e menos resolutos por parte dos jovens Saulo e Rubem, que se diriam apenas o eco das ações do pai e do irmão, como que obsidiados os seus Espíritos pela ação constante de duas vontades mais poderosas; ponderados, profundos e não menos vivos e eloquentes por parte do presidente, que trazia a seu favor, a par de outros fatores, quatro séculos de progressos gerais e ainda a lógica irrefragável e vigorosa fornecida pela Doutrina Espírita. E seria belo vê-los e ouvi-los!... Confesso que sorri de sincero júbilo contemplando os meus disciplinados pupilos empenhados em tão formosa peleja transcendental, em benefício do próximo! E, o coração se me dilatando em fervoroso desejo da vitória do Amor, acionei intuições ao presidente dos trabalhos, auxiliando-o quanto possível no generoso empreendimento. Ele e Timóteo dir-se-iam, então, o quadro vivo de duas épocas que se empenhavam em lutas: para resistir ao tempo, uma, que era sombria e cheia de amarguras, recordando um pretérito de opressões, para implantar as luzes do conhecimento e da esperança, convidando a criatura à liberdade por intermédio da Verdade; a outra, que trazia o futuro por fanal sob as alegrias do Consolador! Ambos cultos, conhecedores do terreno filosófico que representavam, os seus discursos lembrariam a oratória das Academias gregas, onde os mais belos temas filosóficos eram levantados para debates que honrariam oradores e ouvintes.

E duas horas de argumentações se escoaram, durante as quais a inusitada tragédia de Lisboa foi citada e revivida pelo verbo queixoso e magoado dos antigos judeus, com toda a patética amargura da sua realização, esgotando os médiuns, que se viram obrigados a elevar do olvido uma época já desaparecida nas dobras do tempo e os seus problemas, sob injunções irresistíveis de um formoso, mas penoso fenômeno, tornado torturante pelo choque dos fluidos contundentes que seu ódio e suas dores emitiam! Todavia, subitamente, surgiu Ester em plena reunião, tornando-se visível aos comunicantes e videntes. Ester, a virgem sacrificada que, depois de quatro séculos de ausência, retorna aos seus, mais formosa sob a estruturação espiritual do que jamais o fora na terrena, coroada de rosas agora, recordando as flores preferidas na mansão judaica, um jacto de luz azul a irradiar ondulações sublimes ao redor de toda a sua configuração espiritual, evocando a imagem das virgens que sucumbiram, não mais nos circos de Roma, para o suplício à frente dos leões, mas em novas arenas onde as feras seriam antes hienas humanas envoltas em sotainas e capuzes negros clericais, os homens do chamado Santo Ofício, de abominável memória!

Tomadas de um deslumbramento que tocava as raias do pavor, as quatro individualidades endurecidas se detiveram nos enunciados de revolta. Quedaram-se respeitosas, concentradas na felicidade inapreciável de revê-la e de ouvi-la, pois, dizia-lhes, murmurando docemente, como em uma cavatina angelical:

— Sim, meus amados de outrora, meus amados de hoje e de sempre! Eis-me novamente convosco, para nunca mais nos separarmos! Todavia, para que tão grandiosa ventura se concretize, necessário será que eu vos recorde um sagrado dispositivo da lei da nossa raça... A Lei Suprema, fornecida por Javé, o Deus de Israel[30], ao maior profeta dos hebreus, nas sagradas escarpas do Sinai, estatui, como principal dever dos filhos de Abraão, este mandamento, que encerra todos os demais que os homens e os Espíritos deverão observar para serem agradáveis

---

[30] N.E.: Javé (Jeová) – Espírito Superior protetor da raça hebraica, que concedeu ao médium psicógrafo Moisés, em nome de Deus, o *Decálogo*, ou *Os Dez Mandamentos da Lei de Deus*, fenômeno idêntico aos que se processam hoje entre os médiuns espíritas. Outro Espírito, da mesma categoria espiritual de Javé, revelava-se também protetor dos hebreus – Eloim, citado com o primeiro, várias vezes, no Velho Testamento. Os antigos povos de Israel atribuíam tais manifestações ao próprio Deus.

ao Criador: "Amarás o Senhor teu Deus de todo o teu coração, com todas as tuas forças, com todo o teu entendimento, e o próximo como a ti mesmo"... – e não o ódio secular que vindes alimentando em vossas almas para desgraça vossa e impossibilidade de nossa própria felicidade... Se os vossos inimigos do passado faliram no cumprimento desse dever, deixando de observar o dispositivo supremo do Código Divino, e, assim, ofendendo-vos profundamente, também infringistes o mesmo sagrado dispositivo, odiando e revidando ofensas... Quatro séculos são passados, meus amados, desde a noite terrível de nossa prisão em Lisboa... D. João III, outrora cruel e desumano, encontra-se agora em franco ressurgir para a redenção do seu Espírito, por meio de operosidades generosas e heroicas a respeito de povos e falanges sociais, pois, à frente da Lei Suprema, aquele que muito errou muito deve construir de aproveitável e excelente, para expungir, com o inverso do que praticou outrora, as sombras que lhe aviltam a consciência... E ele o tem feito através das reencarnações, pelas vias da abnegação e do sacrifício, inspirado em um arrependimento construtivo! Depois de horas desesperadoras dos mais negros remorsos, em que também conheceu o amargor das lágrimas derramadas por aqueles a quem perseguiu por meio das leis que criou, sofreu ele próprio, com agravantes terríveis, o rigor das mesmas leis, em encarnação obscura e humilde, que posteriormente tomou em Portugal mesmo, nascendo em círculo familiar da própria raça que ele tanto perseguiu, para provar o desacerto das leis e instituições por ele próprio criadas! E durante todo esse tempo, quando o tirano arrependido do mal praticado tratava de se erguer para novos ciclos de progresso, vós, que éreis honestos e bons, mas não possuíeis boa vontade para perdoar e esquecer as ofensas recebidas, permanecestes estacionários no ódio, cristalizados na prática das vinganças, e tanto odiastes e tanto feristes, revidando ofensas... que auxiliastes o progresso e a emenda dos vossos próprios inimigos de outrora, os quais, hoje, já se encontram em melhores condições morais perante a Lei Suprema do que vós outros... pois o certo é que eles não mais odeiam a quem quer que seja e que um grande e sincero arrependimento, do passado mau, os predispõe a futuro honroso e reparador... É tempo, pois, de perdoar para serenar o coração e tratar de progredir... É tempo de amar a Deus nas pessoas dos vossos irmãos de Humanidade e não apenas aos compatriotas e correligionários da mesma fé religiosa... Vinde comigo... e eu vos exporei, em serões tão doces como aqueles de outrora, sob a amenidade das oliveiras do nosso solar querido, não mais as leis rigorosas de Israel, que nos eram relembradas pelos velhos códigos hebreus, mas as suaves leis do amor e da fraternidade estatuídas por aquele grande Rabboni que me agasalhou e enalteceu em vossa ausência...

Impressionados e temerosos, nada responderam, mas seguiram com ela. Exaustos, os meus médiuns não mais resistiriam. Despertei-os. Refeitas foram as suas energias por nós, mas a reunião no mesmo Centro prolongou-se ainda, conquanto subordinada, agora, aos planos exclusivamente invisíveis.

3

As vibrações disseminadas pelos ambientes de um Centro Espírita, pelos cuidados dos seus tutelares invisíveis; os fluidos úteis, necessários aos variados quão delicados trabalhos que ali se devem processar, desde a cura de enfermos até a conversão de entidades desencarnadas sofredoras e até mesmo a oratória inspirada pelos instrutores espirituais, são elementos essenciais, mesmo indispensáveis a certa série de exposições movidas pelos obreiros da Imortalidade a serviço da Terceira Revelação. Essas vibrações, esses fluidos especializados, muito sutis e sensíveis, hão de conservar-se imaculados, portando, intactas, as virtudes que lhe são naturais e indispensáveis ao desenrolar dos trabalhos, porque, assim não sendo, se mesclarão de impurezas prejudiciais aos mesmos trabalhos, por anularem as suas profundas possibilidades. Daí porque a Espiritualidade esclarecida recomenda, aos adeptos da Grande Doutrina, o máximo respeito nas assembleias espíritas, nas quais jamais deverão penetrar a frivolidade e a inconsequência, a maledicência e a intriga, o mercantilismo e o mundanismo, o ruído e as atitudes menos graves, visto que estas são manifestações inferiores do caráter e da inconsequência humana, cujo magnetismo, para tais assembleias e, portanto, para a agremiação que tais coisas permite, atrairá bandos de entidades hostis e malfeitoras do Invisível, que virão a influir nos trabalhos posteriores, a tal ponto que poderão adulterá-los ou impossibilitá-los, uma vez que tais ambientes se tornarão incompatíveis com a Espiritualidade iluminada e benfazeja.

Um Centro Espírita onde as vibrações dos seus frequentadores, encarnados ou desencarnados, irradiem de mentes respeitosas, de corações fervorosos, de aspirações elevadas; onde a palavra emitida jamais se desloque para futilidades e depreciações; onde, em vez do gargalhar divertido, se pratique a prece; em vez do estrépito de aclamações e louvores indébitos se emitam forças telepáticas à procura de inspirações felizes; e ainda onde, em vez de cerimônias ou passatempos mundanos, cogite o adepto da comunhão mental com os seus mortos amados ou os seus guias espirituais, um Centro assim, fiel observador dos dispositivos recomendados de início pelos organizadores da filosofia espírita, será detentor da confiança da Espiritualidade esclarecida, a qual o elevará à dependência de organizações modelares do Espaço, realizando-se então, em seus recintos, sublimes empreendimentos, que honrarão os seus dirigentes dos dois planos da Vida. Somente esses, portanto, serão registrados no além-túmulo como casas beneficentes, ou templos do Amor e da Fraternidade, abalizados para as melindrosas experiências espíritas, porque os demais, ou seja, aqueles que se desviam para normas ou práticas extravagantes ou inapropriadas, serão, no Espaço, considerados meros clubes onde se aglomeram aprendizes do Espiritismo em horas de lazer.

Ora, convinha à programação por mim estabelecida a respeito do caso *Leonel e os judeus* que estes últimos iniciassem no próprio ambiente do Centro já mencionado o seu aprendizado mais urgente, visto que muito prejudicados se encontravam eles, pelo acervo de quatro séculos de hostilidades, para que os removêssemos tão subitamente para o Espaço, a despeito das possibilidades que tínhamos de fazê-lo. Aliás, o seu embrutecimento vibratório, a exiguidade da sua visão espiritual, que não perceberia senão formas pesadas, se adaptariam melhor ao sistema físico-humano, enquanto que, no Além, nos seriam necessárias materializações mui penosas a fim de que nos fizéssemos devidamente compreendidos. O ambiente no núcleo espírita em que se desenrolava o feito em apreço prestava-se ao magno serviço. Não se ouvia repercutir ali, nas vibrações distendidas, o eco da maledicência e tampouco o do comentário. Não retinia o som do gargalhar nem as trepidações insulsas de cenas e acontecimentos próprios do mundo. Não se retratavam em sua atmosfera nenhuma outra cena ou nenhuma sequência de palavreado que não fossem a proteção ao sofredor, o consolo a um desencarnado em confusões, a assistência paternal aos desvalidos da fé e da esperança. Resolvi, por isso mesmo, que meus pupilos do momento habitassem temporariamente aquele Centro, nos exemplos e ações de cujos trabalhadores, encarnados e desencarnados, se instruíssem quanto à verdadeira significação da Doutrina do Cristo, pois, até então, para eles, o Cristianismo seria perseguições e rapinagem, ódio e assassínio, sangue e corrupção!

— Fala-nos do grande Rabboni, teu amigo, que concedeu asilo e proteção a nossa Ester, e que acolhe perseguidos e desgraçados como nós... – solicitava o velho Timóteo ao meu Assistente Roberto, passados que foram os transportes de satisfação pela visita de Ester.

— Sim, falarei dele, meus caros amigos, ou alguém mais abalizado do que eu, porém, mais tarde... De início, apreciareis e deduzireis, vós mesmos, dos seus ensinamentos, por meio das ações de discípulos seus que, como homens que ainda são, dirigem e movimentam esta associação terrena em cuja sede vos encontrais hospedados... Ester e eu, embora não residindo aqui, permaneceremos às vossas ordens, vigilantes para vos atendermos em quaisquer esclarecimentos necessários... mas creio será inútil, pois melhor analisareis o valor da Doutrina desse grande Mestre, observando o labor dos seus discípulos, que nela se orientam e disciplinam.

E assim foi que, com efeito, durante seis meses habitando aquele Centro de fraternidade, o Dr. Timóteo do século XVI e seus três filhos assistiram a curas de paralíticos e de obsidiados, realizadas em nome e pelo amor de Jesus Cristo, o Nazareno, por meio daquele grupo de médiuns a quem nós, os do Invisível, tínhamos o dever de acionar. Contemplaram e admiraram a dedicação abnegada, diária, de um serviço de assistência a enfermos do corpo e da alma, sem esmorecimentos, sem queixas nem reclamações, antes sob a irradiação da sã ternura do coração e da sublime alegria daquele que já vislumbra em si mesmo as alvoradas do Reino de

Deus! Assistiram às doces tarefas da fraternidade se distenderem até o Invisível, no socorro a obsessores, a suicidas, a corações endurecidos no mal, como a desesperados e tristes que vagueiam pelos planos invisíveis sem forças para a emenda. Viram o órfão socorrido, o mendigo acalentado na sua miséria, o presidiário assistido no seu tugúrio, esclarecido na sua ignorância e esperançado no futuro redentor dentro das próprias lágrimas do opróbrio, o faminto saciado, o abandonado encaminhado ao trabalho honroso, a decaída retornando ao dever, o ignorante orientado ao caminho do aprendizado compensador. E tudo isso realizado sob o critério da Doutrina do grande Mestre do Cristianismo! Visitando, porém, a intimidade do lar de cada um daqueles médiuns que contribuíam para a melhoria da sua própria situação, constataram que suas vidas eram consagradas ao honesto cumprimento dos deveres sociais e profissionais, dedicadas ao bem e ao respeito do próximo, em qualquer setor! E ainda que, se sofriam, oravam e se resignavam, certos de melhor futuro; e, se eram ofendidos por inimigos gratuitos, poderiam sofrer e chorar em silêncio, mas sem blasfêmias nem revides vingadores, porque o perdão era tão fácil e espontâneo naqueles corações como o sorriso nas faces da criança... Nem uma palavra insultuosa ao próximo jamais ouviram, nem uma delação ou intriga, nem uma apropriação indébita, nem um perjúrio, nem a maledicência, nem o abuso e o vitupério! E tudo isso eles também analisaram e compreenderam que era a verdadeira educação fornecida por aquela Doutrina Cristã, que eles haviam conhecido falseada no século XVI, mas que agora se surpreendiam de vê-la praticada em Espírito e Verdade, em nome do grande Rabboni, seu fundador, cujo nome – descobriram pelos ensinamentos desses seus discípulos – era Jesus Nazareno!

Sim! "Jesus ben Joseph", de Nazaré, mas nascido na Judeia, na cidade de Davi, exatamente o Messias anunciado pelos profetas de Israel... e como ele, Timóteo, e seus filhos, perseguido pelas hienas clericais até o desespero do suplício e da morte forjada pelos interesses pecaminosos dos homens!

Durante o espaço de tempo que ali passaram, assistiram, graves e quedos, acomodados entre a assembleia de ouvintes, como quaisquer encarnados, ao estudo e à oratória espírita e evangélica. E nós, então, acionando a técnica do "Laboratório do mundo invisível", criávamos para os seus entendimentos – valendo-nos do poder da nossa vontade – os panoramas expostos pelos oradores e explicadores, panoramas que eles passavam a ver como em cenas teatrais ou cinematográficas, pois que as vibrações dessa Casa de comunhão com o Alto, por se conservarem imaculadas, facilitavam a delicadeza e a eficiência do melindroso, sublime trabalho. Um curso eficiente, pois, de legítimo Cristianismo e de Filosofia Espírita levaram a efeito os antigos hebreus por meio de tais processos, visitando ainda outras agremiações merecedoras da nossa confiança e observando outros tantos adeptos fiéis às recomendações do Consolador. Pela mesma época, outrossim, foram-lhes demonstrados em aprendizado, por dolorosa, mas grandiosa exposição da retrospecção da memória (exame consciencial dos arquivos mentais), os antecedentes do drama terrível de Lisboa: Aboab e filhos haviam existido em Jerusalém ao tempo dos primeiros cristãos como autoridades judaicas e romanas, exercendo então, sobre os inofensivos adeptos do Cristianismo nascente, atrocidades análogas às que tantos anos mais tarde vieram a experimentar, por sua vez, sob as garras da Inquisição de Portugal! Então, compreendendo claramente a lógica dos fatos, ou a lei de causa e efeito, humilharam-se, reconhecendo o erro em que incorriam havia séculos, e, desfeitos em lágrimas de sincero arrependimento, renderam-se à evidência da irresistível doutrina do Amor, do Perdão e da Fraternidade, que desde os dias longínquos do Calvário irradia redenção para a sucessão dos séculos. E constataram, assim, que aquela fé clerical que, sob os auspícios do Santo Ofício de sacrílega memória, se pretendeu impor pela crueldade da violência, longe estava de se assemelhar às blandiciosas lições daquele doce Rabboni que recomendava aos seus discípulos:

"Amai-vos uns aos outros como Eu vos amei..."

Quanto a Leonel, que desde quatro séculos vem expiando as tenebrosas consequências dos seus crimes de Inquisidor-mor, presentemente, arrependido e lamentando o passado, encontra-se em vias de ressurgimentos gerais para a definitiva regeneração, disposto aos mais severos testemunhos exigidos pela consciência para a própria reabilitação. Seus trajetos pelas estradas do futuro, tais como os de sua filha Alcina (o antigo João-José, espião de Azambuja), serão ainda ásperos, visto que, ao demais, o suicídio por obsessão não os isentou de responsabilidades, pois se houve, efetivamente, sugestões externas impelindo-os ao feito macabro, estas, no entanto, lhes não tolheram a possibilidade de raciocinar para se defenderem, arredando-as, o que não fizeram porque, realmente, preferiam as paixões arrasadoras do mundo ao suave contato mental com o amor de Deus por meio da prece, que lhes teria fornecido forças de resistência contra a tentação. Prontos se encontram ambos, mas agora sinceramente, a estreitarem nos braços, definitivamente, aqueles pobres judeus que outrora lhes franquearam, confiantes, a intimidade do lar doméstico, esperando da sua honradez pessoal o mesmo respeito e consideração idêntica. E o farão – afirmaram ambos, em momento solene de certa reunião do mundo invisível, em presença de instrutores dedicados – por amor daquele Eterno Deus cujas leis protetoras lhes forneceram ensejos novos de resgate e reabilitação dos crimes passados.

Acrescentarei, finalmente, que o antigo rabino Timóteo Aboab, já reencarnado nos dias atuais, receberá em seu futuro lar conjugal – como filhos de um consórcio legítimo – além dos seus mesmos três filhos de outrora, em novas experiências de reabilitação e progresso, também aquele pobre Leonel e sua filha Alcina, aos quais impeliu ao suicídio por meio de um constante, sistemático trabalho de obsessão simples ignorada. E assim sendo terá de arcar com as provações e as responsabilidades de pai carnal daqueles que renascerão envoltos no angustioso complexo oriundo do suicídio. E Joel, Saulo e Rubem serão, por isso mesmo, irmãos consanguíneos daquele que foi o terrível Azambuja de sinistra memória, como daquele ignóbil João-José, os quais, porém, se vêm redimindo lentamente, por meio dos penosos, mas eficientes serviços expiatórios concedidos pela Lei Divina da Reencarnação!

Assim é, meus caros amigos, que o conhecimento legítimo da Doutrina Espírita, como a boa e lúcida prática da mediunidade, resolvem problemas seculares, pois não esquecereis de que foi por intermédio da mediunidade bem orientada, à luz do Evangelho do Cristo e sob o rigor da Ciência Transcendental, que os Aboab se encaminharam para a regeneração individual... e que a família de Leonel, igualmente convertida sob orientações espiritistas, obteve forças e ensejos para o único alvo que lhe caberia atingir a fim de lograr serenidade para progredir moral e espiritualmente, isto é, o amor e o respeito às soberanas Leis de Deus...

A severidade da Lei

"Em verdade te digo que de maneira nenhuma sairás dali enquanto não pagares o último ceitil."

(*Mateus*, 5:26.)

1

Certa vez, durante uma reunião do mundo invisível, levada a efeito por brilhante falange de instrutores espirituais afeitos a melindrosas tarefas de reeducação entre os homens terrenos, um dos eminentes delegados presentes,[31] que apresentara extenso relatório acerca do aflitivo desajuste moral e social em que se debate a mulher, na Terra, segredou-me em particular, após cumprida a missão de congressista e quando eu o felicitava pelo magnânimo empenho de bater-se pelo movimento de socorro espiritual à mulher, em um congresso da Espiritualidade:

— Dizei aos vossos leitores terrenos, meu excelente irmão, vós que gostais de praticar literatura mediúnica, algo que desperte a mulher para os superiores anelos do Espírito... Conservei sempre, em meu coração, uma profunda estima, um profundo respeito e uma sincera compaixão por essa alma sacrificada na condição feminina, que palmilha sendas rodeadas de abismos sem se dignar neles reparar para evitar quedas irreparáveis... Eu quisera poder ajudar a mulher a remover dos seus destinos os contratempos que a deprimem!

— Louvável o vosso intento, meu caro amigo... e impossível será a mim negar colaboração a tão enternecido alvitre. Na Doutrina do Consolador, efetivamente, encontrará a mulher o estímulo que lhe há faltado para uma eficiente evolução moral, o amparo regenerador que

---
[31] N.E.: Léon Denis.

a levará a vencer a si própria, dominando os arrastamentos das paixões primitivas, e glorificando-se, quer como companheira do homem, durante os aprendizados terrestres, quer como Espírito, essência divina! Praza aos Céus, oh, sim, meu amigo, que, ingressando no seio dessa redentora Doutrina, possa a mulher inspirar-se e reanimar-se definitivamente, saciando-se naquela água viva oferecida pelo Cristo à samaritana, a fim de aplicar suas preciosas energias a serviço do Bem, para o advento da Luz na sociedade terrena... – respondi eu.

Em homenagem à mulher, pois, e atendendo ao amorável convite daquele generoso amigo da Espiritualidade, ditarei aos meus leitores terrenos um episódio da vida real por mim observado em seus mínimos detalhes, no qual dois vultos femininos se apresentam como padrões dignos de meditação.

De tudo quanto venho observando nestas últimas décadas da sociedade terrena, a respeito dessa criatura gentil, cujo coração é generoso e amorável, mas discricionário; simples, mas ignorante; heroico, mas arbitrário; dedicado, mas inconsequente, uma cláusula preponderante se eleva entre todas: será necessário que a mulher pense mais no ideal do que nas realidades mundanas; mais no Espírito que a anima e o qual há de marchar para a Luz, por meio de labores evolutivos sem limites, do que no sexo; mais em Deus do que no homem, que lhe tem arrebatado todas as mais formosas e dignificantes preocupações. Que ela saiba que possui valor próprio para vencer, sem necessidade de se escravizar ao sexo. Que compreenda que a Lei da Criação lhe conferiu capacidades elevadas para os mais formosos feitos do Espírito! E que, portanto, se liberte quanto antes do ignominioso servilismo que a mantém escravizada aos sentidos, estiolando suas preciosas faculdades à beira de influenciações bastardas, a serviço dos instintos masculinos, quando suas aspirações antes deverão obedecer às realizações do ideal divino! Que medite em que, antes de ser mulher, já era entidade espiritual destinada ao triunfo da imortalidade, e que, por isso mesmo, persistem nela, como sempiterna origem, as essências de um Deus Criador, que assinalou a sua individualidade com as mais sublimes expressões da possibilidade! Que ela se detenha, pois, nas aspirações bastardas que o mundo gerou ao contato das paixões inferiores, e asseste essas mesmas poderosas capacidades para as aspirações superiores, únicas que lhe fornecerão o brilho das virtudes, sem o qual não logrará a reabilitação de que tanto carece a sua mesma reputação entre aqueles homens e Espíritos das camadas inferiores da Moral – que a perseguem com odiosos desrespeitos, valendo-se da manifesta indiferença dela por si mesma, para a impelirem a quedas de que, geralmente, só a asperidade dos séculos a libertará!

A presente história, prendendo-se igualmente ao tema desta obra – a obsessão ignorada, que assola a sociedade indiferente aos deveres da Moral –, não é uma ficção literária com intuitos de doutrinação acerca de caracteres femininos, em moldes aprazíveis de romance, mas sim o fruto de observações extraídas de minha clínica médica espiritual, as quais me ficaram arquivadas na mente como recordação inapagável, esperando eu ocasião propícia para difundi-las em ensinamentos aos corações de boa vontade. Despertemos, pois, as recordações adormecidas entre os refolhos mentais e passemos, uma a uma, as suas páginas à frente do paciente leitor...

2

No início deste século, sendo eu já desencarnado e exercendo atividades médicas da Espiritualidade para as criaturas ainda encarnadas, fui encarregado de um serviço de assistência a uma paciente do sexo feminino, localizada em pitoresca e linda cidade do estado do Rio de Janeiro, banhada pelas águas sempre agitadas e frescas do oceano que fertiliza a terra benfazeja, esse Atlântico imponente e formoso. Encontrava-me então em certa reunião mui solene do Espaço, durante a qual se prestava culto ao Criador com os pensamentos conjugados em preces e os corações dilatados em haustos de vibrações amorosas, em busca de suas bênçãos protetoras a prol dos nossos Espíritos necessitados de inspiração para o desdobramento dos serviços que nos estavam afetos. De súbito, porém, quando mais dúlcida era a minha elevação mental no enternecimento da oração, definiu-se em meu ser um estremecimento forte, como se vigoroso contato elétrico comunicasse às minhas sutilezas de compreensão uma ordem provinda de superiores camadas hierárquicas, e um doce murmúrio, mavioso como o alento das almas santas em orações augustas ao Deus de Amor e de Bondade, sussurrou à minha mente muito atenta:

— Na rua de S... nº 3, na cidade de XXX, no estado do Rio de Janeiro, alguém se debate em desesperações para o momento sacrossanto da maternidade. É uma pobre alma delinquente de um passado de infrações graves, dentro do mesmo círculo de responsabilidades... a qual, agora arrependida, entra num grande e doloroso resgate para o apaziguamento da consciência ainda conturbada pelos ecos do pretérito... Será necessário socorrê-la para que não sucumba antes da época prevista pela Lei, porquanto, sucumbir agora absolutamente não convirá aos seus interesses espirituais. Clama pela intervenção dos poderes celestes no melindroso momento, em brados de oração fervorosa, um coração singelo e obediente a Deus, sob os auspícios de Antônio de Pádua, servo de Jesus Nazareno, e que junto da enferma se encontra. Tu, Adolfo, és médico e és cristão. Necessitas do trabalho honroso do amor ao próximo para a edificação do teu Espírito à face de Deus! Vai, pois! Atende ao aflito chamamento. Socorre a pobre alma pecadora que se arrependeu e deseja ressurgir para o Dever. Vai! Antônio de Pádua velará por ti e por ela, em nome do Mestre Nazareno. E que o Criador vos envolva a todos na sua paternal clemência.

Incontinente atendi, preferindo abandonar a meio a reunião de comunhão com o Alto para continuá-la após, ao lado daqueles que sofriam.

... E ingressei nas pesadas brumas da atmosfera terrena, desviando-me para as latitudes brasileiras, nas quais, de preferência, exerço ainda hoje as atividades psíquico-terrenas.

O chamamento, com efeito, fora dirigido a Antônio de Pádua, grande Mentor espiritual e reencarnação de um devotado apóstolo do Divino Mestre, Espírito universal, portanto, venerado, direta ou indiretamente, como apóstolo de Jesus que foi, por toda a cristandade, como um dos eleitos da chamada Corte Celeste. E, realmente, é, Antônio de Pádua, chefe de falange beneficente e amorosa da Espiritualidade, que se multiplica em ações caritativas e sábias por várias latitudes da Terra e do Invisível. Não pertenço, como não pertencia então, a essa doce falange que também integra crianças angelicais e lindas como os próprios lírios que carregam, lírios que, no Espaço, as tornam reconhecíveis como elementos, ou pupilas, de Antônio, Espíritos evoluídos que, no Além, sob formas perispirituais infantis, rodeiam o ilustre varão celeste, obedecendo-lhe às ordens no setor beneficente.[32] Todavia, o setor de trabalho pertencia a mentores aos quais era eu subordinado. A recomendação viera de Antônio de Pádua, Espírito universal... a ordem chegou a mim com a rapidez que poderá desenvolver um pensamento humano em preces tão angustiosas quanto fervorosas e a resposta do Céu, por meio de uma ordem vibratória ainda mais veloz.

Era madrugada. As brumas fortes do oceano, cortejadas por um vento áspero do mês de agosto, despejavam-se sobre a cidade, que se amortalhava toda de um longo sudário de cerração, enquanto o frio álgido e úmido da beira-mar fazia tiritar os míseros sem abrigo tépido e os pobres cães sem proteção, tão sofredores quanto aqueles. E um silêncio triste e constrangedor, como soem ser o dos locais onde se aglomeram almas penitentes para os doridos testemunhos da expiação, em desagravos à lei ofendida no pretérito, estendia sobre o casario colonial a sombra das amarguras que se entrechocavam sob seus tetos.

Procurei a rua de S e encontrei-a facilmente, pressuroso... porque, da Espiritualidade, os fachos da caridosa vigilância de Antônio incidiam sobre meu pobre Espírito, aclarando-me os caminhos e as ações a realizar, réstias de luz argêntea quais faróis norteadores a serviço da causa sublime do Amor.

E corria o ano de 1910...

* * *

Ao ingressar no domicílio visado, reconheci tratar-se de habitação de jovens recém-casados. Móveis e adornos acusando modesto bom gosto da mulher, capricho e sutis delicadezas, como bordados finos, rendas mimo-

---

[32] Nota da médium: A magnanimidade do Espírito Bezerra de Menezes deu-nos a visão dessas crianças citadas. Representam crianças pobres, trajadas humildemente, pés descalços, cabelos despenteados. Não obstante, rebrilham de claridades celestes e sobraçam lírios. Dão-se as mãos para caminharem, mui gentilmente, e um luzeiro rosa envolve-as, distendendo-se em torno. Não nos foi possível conter as lágrimas diante de tão sublime quadro espiritual.

sas e pinturas graciosas, que as mãos amorosas de uma esposa recente ali haviam distribuído para maior encantamento das horas consagradas ao doce enleio do lar. No entanto, também compreendi, pesaroso e emocionado, ó meu Deus! que a desventura assinalara aquele afável ninho conjugal, estabelecido, havia onze meses apenas, pelas esperanças de um varão e os meigos afetos de uma donzela, para que graves acontecimentos se desenrolassem em seus perímetros, exigindo de ambos testemunhos tão ásperos, provações e resgates tão pronunciados e comunicativos, que marcariam a vitória de uma redenção para ambos ou reincidência com agravantes, nos campos dos deslizes morais, para um e outro.

Na sala de visitas, onde flores vicejavam em uma jarra de porcelana, sobre um piano de carvalho polido, um jovem de 26 anos, trazendo bem tratados bigodes, pretos e perfumados, como exigia o requinte da moda masculina de então, a tez muito branca e fina, cabeleira sedosa e negra, estatura elevada e majestosa, um belo tipo varonil, enfim, capaz de atrair atenções à primeira vista, sentava-se em uma cadeira de balanço, tipo "austríaca", e chorava, o rosto oculto entre as mãos, os braços apoiados sobre os joelhos, atitude indicadora de desânimo profundo. Em uma câmara ao lado, encantadora mulher, acusando aproximadamente 35 primaveras, apresentou-se à minha vista, prostrada de joelhos, as mãos cruzadas em súplica, orando com fervor tão comunicativo e eficiente que por todos os recantos da habitação um suave balbucio de preces repercutia, predispondo o ambiente às inefáveis influências das esferas do Amor, para tanto valendo-se de vibrações harmoniosas conducentes a Deus. Era uma alma de crente, idealista e generosa, que soubera orientar a fé que adotara, cultuando a Divindade Suprema, para diretrizes mui meritórias dos planos da Espiritualidade. Chamava-se Sara, mas os familiares e amigos mais íntimos tratavam-na por Sarita, modo gentil de lhe demonstrarem uma simpatia que ela soubera conquistar por entre amabilidades constantes.

Ao primeiro exame reconheci tratar-se de uma adepta da crença católica romana, pois, sobre a mesa, diante da qual se conservava ajoelhada, altar improvisado pela boa vontade que a assistia em qualquer emergência, uma imagem de Antônio de Pádua, tão usada pelos crentes do Catolicismo, se destacava. Todavia, a par de tal particularidade, também nessa jovem crente entrevi a qualidade do cristão sincero, dado que uma coluna luminosa, serena, vertical, límpida, firme, argêntea e bela elevava-se do seu coração pelo ardor da prece, à procura da proteção do Alto. Ora, essa coluna, traduzindo propriedades magnéticas poderosas, fora que provocara a atenção da Espiritualidade superior e a respectiva ordem, por mim recebida, para urgentemente partir em socorro a uma parturiente em perigos extremos. Eu me encontrava, portanto, em presença de um formoso fenômeno de telepatia religiosa, no que ele possui de mais angelical e comovedor, pois que era uma mulher, uma jovem viúva, simples e modesta criatura terrena, que, fortalecida pela sua confiança de crente, atirava os próprios pensamentos pelas profundidades do Incognoscível, em uma prece espontânea qual confidência amorosa, na súplica de uma assistência suprema dos Céus para um ser amado que sofria. Atentei de boa mente nas expressões da sua rogativa e ouvi que diziam assim os sussurros benfazejos que se entornavam pelo ambiente em cantilenas piedosas:

— Santo Antônio de Pádua, meu bom senhor e protetor, pelo amor do nosso Criador Supremo e sob os auspícios do Senhor crucificado, eu vos suplico piedosa intervenção da vossa assistência para minha muito querida amiga Angelita, que neste momento se encontra em perigo de morte. Santo Antônio de Pádua, socorrei-a, pelo amor de Jesus! E como outrora levantastes do leito de morte tantos enfermos, reintegrando-os no gozo da boa saúde, levantai também a pobre Angelita, para que maior seja a glória de Deus Eterno na pessoa dela! Todavia, que se cumpram as determinações do Onipotente – ou das Leis da Vida, sejam quais forem! O que fizerdes em seu santo nome, meu coração aceitará respeitosamente, como a única destinação que conviria a Angelita, que tanto sofre! De qualquer forma, eu estarei ao vosso dispor para auxiliá-la a se reerguer para Deus e para a Vida! Angelita descrê da vida imortal, descrê do próprio Deus, arrastando-se em ímpia desatenção para com os deveres do crente. Se ela sobreviver ao dia de hoje, porém, prometo-vos, senhor, envidar todos os meus esforços, mesmo os meus sacrifícios, para reconciliá-la com as Leis Divinas...

Interessado e comovido ante o que entrevi, dirigi-me à câmara conjugal, onde a chamada Angelita deveria encontrar-se... e o que então presenciei teria me acabrunhado e estarrecido o coração, se os obreiros do Invisível não fossem previamente preparados contra os choques emocionais que o carreiro das suas atividades, na Terra como no Além, poderá provocar.

3

Pelo ano de 1910 seria difícil encontrar-se, em uma localidade do interior do Brasil, uma maternidade, um hospital que acolhesse gestantes na hora crítica do seu sucesso. Mesmo nas capitais dos estados, e até no Distrito Federal, depararia o médico com as mais dificultosas circunstâncias para a solução dos casos em que se via por vezes envolvido, inclusive a tremenda falta de recursos para o bom êxito das suas atividades profissionais, mormente se tratando de parturientes, quando seriam urgentes operações melindrosas, arriscadas e graves, para salvar duas vidas, em residências particulares completamente destituídas de ambientação hospitalar, e onde a falta de recursos, às vezes, se iniciava com a escassez de luz que o alumiasse no sagrado mister de operador, para concluir com o preconceito da ignorância, que apenas admitia "simpatias" e chás caseiros onde se fazia indispensável a ação enérgica do cirurgião.

Benditas sejam as mãos que levantam hospitais e maternidades para socorro a sofredores desta ou daquela condição social, porquanto a Dor e o Sofrimento nivelam posições sociais, reduzindo todos a pobres necessitados, a quem todo o amor e todas as atenções serão devidos.

Desde a ausência de um auxiliar experimentado, que lhe facilitasse o trabalho tormentoso, até a falta de conveniente esterilização dos instrumentos cirúrgicos necessários; desde a água fervente, indispensável sempre, até o mínimo acidente de momento, o médico de então, a sós com a própria responsabilidade, tudo teria de prover a tempo e a contento. Muitas vezes, tais fossem a pobreza e a ignorância do cliente e seus familiares, teria ele de despender quantias não pequenas para a aquisição do material de que se serviria, ao passo que ele mesmo, tateando na semiobscuridade de aposentos alumiados a lamparinas de azeite ou de querosene, ou mesmo a velas, proveria, em trempes de fogões primitivos, até as águas necessárias aos seus serviços. E isso o médico faria de bom grado, sem queixas nem revoltas, para que diante de Deus não sentisse abrasar a consciência, maculada pelo descaso no sagrado cumprimento do dever junto a um doente que nele confiava quase tanto como no próprio Criador!

Hoje ainda, como Espírito, sou igualmente solicitado para atender doentes terrenos. E ao contemplar tão belos hospitais, como a Terra agora os possui, confortáveis e tão iluminados à noite como o são à luz do sol, e observando a aglomeração de servidores e auxiliares rodeando grandes turmas de médicos e cirurgiões especializados, recordo-me, comovido, dos sacrifícios de outrora e exclamo de mim para comigo: "Incontestavelmente, ó meu Deus!, a sociedade terrena muito avançou na senda do progresso dentro do século XX! Pena que, a par de tantos e tão admiráveis triunfos sociais, o homem não se conduza também um pouco mais temente a Deus e submisso às suas leis, agradecido ante os favores que do Céu há recebido com a possibilidade de tais conquistas para o bem de todos!". E, em pensamento, beijo as mãos daqueles generosos cooperadores do Bem e do Progresso, que, por abnegação ou interesse, se uniram em colaboração fecunda para erguerem hospitais e maternidades que socorram na oportunidade precisa!

* * *

Arquejante, no auge dos padecimentos físicos para o sucesso da maternidade, Angelita, mal cloroformizada, devido à falta de socorros precisos, encontrava-se em perigo de morte. Não que aquele parto fosse dos mais laboriosos e difíceis, caso anormal ou excepcional dentro da cirurgia ginecológica da época. No entanto, a falta de um cirurgião, ou médico ginecologista, no momento preciso, para conjurar possíveis surpresas, causara a anormalidade e o desastre, os quais bem podiam ter sido evitados se desde o início da gestação uma assistência médica eficiente fosse mantida.

Há cinquenta anos, o preconceito individual, o pudor excessivo e mal interpretado, acompanhando a escassez de recursos e a inobservância higiênica do paciente, dificultariam igualmente a ação do clínico ou do cirurgião, cujos serviços, geralmente, apenas eram solicitados para uma parturiente à última hora, quando já se evidenciava o desastre, e quando já mais nada, ou quase nada, seria possível tentar para conjurar os graves acidentes sempre possíveis. Seria desdouro social para uma gestante, recém-casada ou não, o fato de se transportar do seio da família para um hospital ou uma maternidade, no caso de existir uma ou outra dessas instituições na localidade habitada. Preferiam-se, assim sendo, o concurso de curiosas, certamente experientes e hábeis para os casos normais e fáceis, mas absolutamente ineptas mesmo para reconhecerem o perigo e reclamarem o médico a tempo, nos casos graves. Daí, outrora, a calamitosa mortandade de parturientes, problema cujos reflexos atingiram as preocupações de além-túmulo, pois nem sempre existiria a expiação ou o resgate em casos tais, e que os rigores do código penal terreno removeram com a exigência de certificados de habilitações para as assistentes comuns do caso e que os hospitais remediaram em grande parte, tratando de humanitárias internações e assistência constante às próprias gestantes.

O caso de Angelita, porém, era desses que, examinado de início, seria reconhecido como dos passíveis da intervenção denominada "cesariana". Tratava-se de uma organização genital frágil, incapaz, a qual requereria de um médico atenções especiais para uma decisão não cercada de anormalidades.

Chegando à câmara onde o drama cirúrgico se desenrolava, percebi, enternecido, que meu pobre colega terreno envidava todos os esforços para levar a bom termo o seu dever, desdobrando-se em habilidades para salvar a jovem mãe, já que não mais seria possível operá-la de molde a salvar também o nascituro, cuja morte intrauterina se verificara com a aspereza da operação. A situação geral era desesperadora. A intervenção acerba, não mais podendo ser a "cesariana", em vista da indecisão em se reclamar a presença do médico, somente fora realizável com o despedaçamento do entezinho, que houvera de sofrer trepanação e esmagamento do crânio, esquartejamento etc., em impressionantes condições. Uma faixa luminosa, porém, cintilante quais raios de eflúvios celestes, incidia sobre a cena trágica, provinda do Alto. E vultos angelicais, não apenas integrantes da falange de Antônio de Pádua, mas obreiros comuns e permanentes da Beneficência, destacados para a cabeceira de enfermos, pois as leis da Criação proveem sabiamente as necessidades gerais do Universo, não esperando súplicas humanas para atendê-las, mas aceitando-as gratamente, como veículos para o seu acréscimo de misericórdia, permaneciam ali vigilantes, dispostos a uma sagrada assistência.

Compreendi, não obstante, que ameaçava Angelita aniquiladora hemorragia interna, a que lhe não seria possível resistir fisicamente. Os obreiros invisíveis presentes haviam sustido a ameaça até ali. Contudo, medidas mais enérgicas seriam devidas ainda. E compreendi também, mau grado meu, que dos três longos dias de espera, na indecisão da procura de um médico para a intervenção urgente que se fizera necessária, resultava para a jovem mãe o despedaçamento de tecidos em órgãos internos mui melindrosos, tais como a "bexiga", ou óvulo urinário, os canais renais etc., enquanto que músculos e tendões, dolorosamente comprimidos durante a gestação penosa, a inércia do nascituro e a violência da operação, ameaçavam inutilizá-la para sempre! Intervim então, valendo-me dos recursos psíquicos aplicáveis no caso, servindo-me, na medicina astral, de fluidos e essências, raios, gazes e energias cuja aplicação nos tecidos orgânicos da criatura encarnada serão sempre passíveis de resultados excelentes. E conjurei, assim, o perigo da hemorragia, anulando a possibilidade de um desenlace que se deveria realizar, em verdade, muito mais tarde. Reanimei ainda os fluidos vitais, ou nervosos, da paciente, enxertei-lhe porções adequadas de "plasma" extraídas da boa vontade da fiel Sarita, que prosseguia em orações, e infiltrei-lhe valores magnéticos tonificantes do coração, do cérebro e da circulação venosa, com atuações ativantes do sistema nervoso, fazendo-os mansa e sutilmente penetrar pelos poros da enferma, qual se milhões de celestes agulhas portadoras da essência de Vida lhe pudessem ser introduzidas nos orifícios da pele a fim de atingirem os locais necessários.

O médico, ou o Espírito desencarnado, já cônscios de deveres e responsabilidades, se o desejarem, verão o corpo humano destituído até mesmo da sua armadura de carnes e músculos, contemplando de preferência as vísceras, a rede de nervos ou as artérias, a circulação do sangue, os ossos, tudo ou aquilo que seja mister examinar. Para ele, a pele que recobre o corpo humano não existirá, ou também será um rendilhado tênue qual o tecido denominado filó, e os poros então serão visíveis quais orifícios de um favo de mel. Daí a facilidade da minha intervenção psíquica, tonificando os órgãos da paciente com os produtos medicinais do laboratório do plano astral, enquanto o cirurgião terreno concluía a sua terrível tarefa, depondo em vasilhame caseiro os despojos sanguinolentos do infeliz produto que seria o primogênito do casal... se em todo esse drama acerbo não se distendessem os ecos expiatórios do efeito de remota causa existente no pretérito de ambos os esposos e também do nascituro...

4

Pelas oito horas da manhã cessara o melindroso trabalho. Higienizara-se o quanto possível a enferma, que jazia prostrada ainda, em profundo desmaio, estirada em seu leito qual cadáver que deveria baixar à sepultura. Compreendi propício à sua recuperação fisiológica aquele prolongado delíquio, e não me afligi por seu estado nem procurei despertá-la. Aquele pobre espírito de recém-casada necessitaria, realmente, do reconforto moral-espiritual, pois que se tornava evidente que ingressava numa fase de testemunhos e expiações, e eu vira que as angelicais crianças do varão espiritual Antônio haviam-no arrebatado para o Espaço, certamente a fim de aconselhá-lo e infundir-lhe coragem e esperanças durante o torpor físico. Preferi, então, examinar as condições morais das criaturas que cercavam a minha pobre doente... e constatei que, no interior da casa, onde um como sudário de opressões pesava, Alípio, o jovem esposo, continuava sentado em sua cadeira de balanço, insone, os olhos vermelhos de chorar, o coração estorcido por um desalento esmagador. A seu lado, um grande cinzeiro, transbordante de pontas de cigarro inaproveitadas, atestava as horas de excitação que trituraram o seu sistema nervoso, completamente alterado no momento em que dele me aproximei, ao passo que em outras dependências a genitora de Angelita blasfemava por entre lágrimas e inconformações, acusando a Providência, em quem não cria, pelo insucesso da filha, enquanto maldizia do cirurgião, que a houvera maltratado tanto, e as irmãs da enferma e algumas vizinhas, prestativas, apavoradas e estarrecidas ante os acontecimentos, não atinavam com o que dizer, quedando-se todas em respeitoso silêncio.

Entrementes, na câmara de Angelita reinava consoladora paz espiritual. Vibrações harmoniosas dulcificavam o ambiente em um como sussurrar enternecido de prece, mas ninguém orava. Pelo menos julgava não orar a personalidade que de si despendia tão sedutoras irradiações... Sim, porque nem sempre uma prece é real somente quando se dirijam exortações a Deus ou a seus mensageiros, no intuito da oração. Uma leitura edificante, que retempere ou enobreça a mente, pensamentos altruísticos e beneficentes em favor do próximo ou de si mesmo poderão repercutir nos fluidos cósmicos, encaminhando-se para os altos círculos do Bem, e daí carrear para o coração que assim procede, como para aqueles que lhe ficam ao pé, consideráveis estímulos para o melhor, tal como o faria a prece propriamente dita.

Sim! No aposento de Angelita ninguém orava! Era tão somente Sara, a jovem viúva, que, à cabeceira da amiga inanimada, abria diante de si um pequeno livro e percorria, atenta, as suas páginas, em leitura suave e restauradora. Curioso, procurei inteirar-me do conteúdo daquelas páginas que tão docemente protegia o quarto da doente. Tratava-se da *Imitação de Cristo*, livro então muito acatado pelos adeptos cultos da religião católica romana e em cujas lições sorviam, efetivamente, doces mananciais de consolação e esperanças, nas horas doridas do infortúnio, os corações sedentos de justiça, levados pela vontade de se predisporem ao bem:

"Com duas asas se levanta o homem acima das coisas terrenas: a simplicidade e a pureza. A simplicidade procura a Deus, a pureza o abraça e frui."

"A glória do homem virtuoso é o testemunho da boa consciência. Conserva pura a consciência, e sempre terás alegria. A boa consciência pode suportar muita coisa e permanecer alegre, até nas adversidades. A má consciência anda sempre medrosa e inquieta. Suave sossego gozarás, se de nada te acusa o coração."

Dramas da obsessão

"Chega-te a Jesus na vida e na morte, entrega-te à sua fidelidade, que só Ele te pode socorrer, quando todos te faltam..."

"Para que buscas repouso, se nasceste para o trabalho? Dispõe-te mais à paciência que à consolação, mais para levar a cruz que para ter alegria..."[33]

Contemplei a enferma, que parecia ter expirado. Um anseio de compaixão fremiu em minhas sensibilidades anímicas, avaliando o calvário que aquela jovem mãe, cercada de corações descrentes, palmilharia pelas estradas dos grandes resgates terrenos, vendo-a, como vi, assinalada por um futuro obumbroso! Era esbelta e formosa, com a pele acetinada e alva como as pétalas de uma rosa branca, longos cabelos louros dourados, estendidos sobre as almofadas como sudário de ouro fúlgido, olhos castanhos recordando a cor da avelã madura, contando apenas 19 anos! Orei então, à beira daquele leito envolvido ainda nos linhos e nas fitas do enxoval do noivado, e me retirei depois, certo de que o Senhor das coisas e dos mundos proveria, com a sua paternal misericórdia, o prosseguimento da existência daquela que, então, se me afigurou à frente de graves consequências de um passado de infrações...

---
[33] N.E.: *Imitação de Cristo*.

5

Não chegara eu ainda ao meu destino, porém, e um encantador "acaso", desses criados pelas afinidades pessoais, que se buscam naturalmente, para um espiritual consórcio de valores psíquicos, fez-me defrontar com duas gentis individualidades da falange enternecedora de Antônio de Pádua.

Perdoar-me-á o leitor, no entanto, a necessidade em que me vejo de materializar os acontecimentos decorridos no mundo espiritual e as expressões ali usadas. Escrevo para vós, terrenos, com um cérebro mediúnico. E para oferecer o ensinamento a contento de humanas compreensões não poderia a estas dirigir-me de outra forma.

— Íamos buscar-vos, doutor... Desejávamos aqui a vossa presença, diante da pobre enferma, cujo Espírito se encontra entre nós... - declararam-me gentilmente as duas formosas entidades. Deram-me confiantemente as mãozinhas, que se diriam delineadas em raios estelares, e seguimos para mais além... Bem depressa me defrontei com o Espírito Angelita, cujo corpo, no momento imerso em estado comatoso, que a anestesia aprofundava, permitia àquela a permanência lúcida em regiões do Invisível, propícias à sua recuperação geral.

Debulhada em prantos, a pobre jovem parecia inconsolável, ao passo que a seu lado entidades amigas confortavam-na, aconselhando-a paternalmente. Uma dentre todas, grave e protetora, dirigiu-se à minha modesta individualidade, benevolente e amável:

— Agradeço-vos, caro irmão – falou-me –, o eficiente trabalho adaptado ao corpo terreno de minha pupila Angelita... o que importa dizer que, tal como se encontra, estará ela apta ao testemunho indispensável às Leis Eternas, para o qual preferiu renascer...

Respondi escusando-me, aturdido ante as expressões amigas de um superior espiritual, emitindo votos mui sinceros para que a paciente se saísse a contento das provações encetadas. Eu observara, porém, no aposento da doente, durante a operação, uma individualidade de aspecto singular, e me abandonara, então, a contemplá-la, chegando a descobrir sua identidade, mais ou menos, por meio de intuições seguras. Tratava-se de forma perispiritual escura, sombria, de cabelos eriçados, traindo o complexo da "carapinha" do negro, cujas feições acusavam terror, apresentando, por vezes, esgares de dor, estremecendo convulsivamente, como desejando desvencilhar-se de algo que o torturasse. Postava-se, então, próximo a Angelita, como que a ela ligado por atilhos magnéticos que pouco a pouco se rompiam... Seu aspecto era o típico padrão dos escravos africanos vindos para o Brasil em tristes épocas do lamentável tráfico, e, quando encarnado, no pretérito, seria homem certamente assaz primitivo, acusando possibilidades assustadoras para a prática de abominações. Distinguindo minha preocupação ao recordar o fato, no momento, novamente se expressou a entidade protetora de Angelita:

— Observo a vossa estranheza, preclaro irmão, ante a imagem do acompanhante invisível da minha pupila, sobre a Terra, e não será para mim nenhum desdouro colocar-vos a par dos acontecimentos achegados a esse infeliz delinquente e nossa pobre enferma...

Escusei-me novamente, declarando-me respeitador dos dramas alheios, que não deveria devassar, mas a entidade amiga prosseguiu:

Dramas da obsessão

— Honro-me no trabalho de vos dar a conhecer o drama de Angelita... Ao demais, não ignoro que apreciais as belas-letras, aprazendo-vos, mesmo, praticá-las desde longa data... Um dia, quem sabe?... quando vos aprouver, podereis contá-lo aos vossos amigos terrenos, porquanto será lição expressiva para o leitor atento, ao passo que encerrará revelação interessante para o pesquisador dos destinos da alma humana, como da severidade e justiça das Leis Eternas...

Deteve-se um instante em gracioso gesto meditativo, e continuou:

— Sim! O drama, cuja segunda parte acabamos de assistir, teve origem nos dias depressivos do Brasil-Colônia... Oh, meu irmão! Quase que de um modo geral, julgam os brasileiros que seus espíritos provêm de encarnações havidas em países europeus civilizados e aristocráticos tão somente, quando a verdade é que grande parte provém dos dias da colonização afro-portuguesa dali mesmo, do Brasil primitivo e infeliz de antanho... Certamente que emigraram, para a Terra de Santa Cruz, falanges de indianos, de gregos, de franceses, de espanhóis, de orientais, que nesse país reencarnam na esperança de se furtarem aos velhos ambientes nos quais delinquiram vezes seguidas e cujas paisagens aviventariam em suas consciências as acusações mórbidas do passado, as quais nas próprias sutilezas mentais agiriam como intuições angustiosas... Todavia, será prudente não perder de vista que o Brasil, da sua descoberta à alvorada da abolição da escravatura africana, que em seu seio medrou profusamente, tripudiou sobre os deveres do cristão, escravizando em condições acerbas homens inofensivos e fáceis de se conduzirem para Deus, porque, na sua maioria, não eram mentalidades primitivas, e sim reencarnações de povos ilustres, mas criminosos, que buscavam redenção sob a humilhação da cor negra, humilde e cativa, arrependidos e desejosos do progresso, e cujos sofrimentos e lágrimas ecoam ainda nas ondas do éter adjacente do país como estigma infamante, caindo então o seu desarmonioso efeito em ricochetes especiosos sobre os culpados de ontem, através do feito reencarnatório...

— Assim é, meu excelente irmão... As Leis Eternas, estabelecidas pelo Senhor Supremo para a regência da sua Criação, jamais serão impunemente desacatadas: as sociedades brasileiras de hoje sofrem consequências inevitáveis dos feitos ímpios anteriores à lei de 13 de maio de 1888... Aliás, a sabedoria dos Evangelhos adverte quando declara que a cada homem será concedido de acordo com os próprios atos praticados... – aquiesci eu, interessado já no palpitante assunto.

E o amigo então continuou, expondo-me o seguinte:

6

Pouco antes do drama em que se envolveram vários brasileiros natos ilustres, desejosos da libertação do seu país da legislatura portuguesa, época fértil em acontecimentos trágicos e mui delicados, que ficaram olvidados pelos homens porque o Brasil de então não mereceria acato da Metrópole de além-mar para que o sofrimento do seu povo fosse devidamente consignado na História – ou seja, pelas proximidades da época em que se verificou a conjuração denominada 'Inconfidência Mineira', na então Província das Minas Gerais – chegara de Portugal, com destino a esta localidade da grande Colônia, um alto funcionário da Coroa portuguesa, dizendo-se licenciado para estudos e aventuras pelo interior de Minas, acompanhado da esposa, que, ávida de emoções e conhecimentos novos, se negara a continuar no seu velho casarão de Lisboa sozinha e entristecida, quando o marido corresse terras e mares estranhos. Por essa época, não seria aconselhável a uma dama bem-nascida aventurar-se a viagens tão longas e arriscadas. Proibia-o o preconceito social, seria desdouro imperdoável, mesmo para uma esposa, abandonar-se a peripécias em terras desconhecidas, e a própria lei não concederia licença para tal fim, a não ser que motivos muito significativos justificassem o feito. Não o entendeu assim, porém, a esposa, muito jovem ainda, do funcionário licenciado, pois que, não conseguindo das autoridades permissão para acompanhar o próprio marido nas suas aventuras pelas intempéries da grande Colônia do Brasil, infiltrou-se sutilmente na marinhagem do veleiro que faria a travessia do oceano e, já em alto-mar, apresentou-se ao estupefato esposo disfarçada em vestes masculinas, protegida que fora por um oficial de bordo, amigo da família, aportando no Rio de Janeiro quatro meses depois sem maiores empecilhos, já que sua beleza e sua juventude, aliadas à esperteza de que usara, cativaram igualmente o comandante da nau transoceânica.

O oficial amigo, no entanto, cujo nome seria Fernando Guimarães, afirmando-se investido de certa missão secreta no Brasil, conferida por seus superiores, desligou-se da profissão e cedeu ao convite afetuoso do casal de esposos, para que viesse em sua companhia como se membro da família fora, uma vez que igualmente pretendia dirigir-se à importante Província, cujo governador seria então o Sr. Visconde de Barbacena.

A aventura sempre foi o traço primordial do caráter lusitano... e seguiram então os três amigos em busca da realidade de um Eldorado cuja fama seduzia os europeus. Adquirira o casal, então, duas escravas negras para os serviços caseiros, e Fernando, agora integrado na família como irmão assaz querido, entendeu necessária também a posse de um escravo do sexo masculino, que se prestasse aos serviços externos, o trato de animais inclusive. Colocou, portanto, anúncios pelas tabernas e casas de negócios, nos dias de espera passados no Rio de Janeiro, servindo-se de pequenos cartazes dizendo da urgência na compra de um escravo resoluto e valente, para servir em viagens pelo interior da Colônia, que bem manejasse a foice e o facão de caça e que se encorajasse à caçada às feras pelos matagais, pois desejava Fernando, que já caçara na África, aproveitar ensejos para negociar com peles, a fim de disfarçar a missão trazida da Metrópole, dizia consigo próprio, esperando mesmo obter alguns exemplares das famosas onças brasileiras para transformá-las em luxuosos tapetes, que venderia no Reino a bons preços.

Bem cedo conseguiu o de que precisava.

Chegara aos seus ouvidos que certo fazendeiro dos limites que hoje se transformaram no aprazível arrabalde da Tijuca, no Rio de Janeiro, entregara às autoridades um escravo rebelde, a fim de que fosse julgado, e quiçá condenado à morte. O infeliz negro via-se acusado, de todos os lados, pelo crime de homicídio nas pessoas de nada menos de três capatazes da dita fazenda e de um negrinho de 15 anos, também escravo, que aparecera afogado nas águas de um riacho próximo. Não obstante, o réu negava veementemente a autoria dos crimes, e, porque não existissem testemunhas, as autoridades, indecisas, apelaram para o 'juízo da Igreja', ou o 'juízo de Deus', nas pessoas do clero oficial da capital da Colônia, e estas, muito prudente e justiceiramente, deliberaram mantê-lo preso até ver se se resolveria a confessar o delito, ou se porventura alguém, por ele se responsabilizando, o levaria sob um processo de compra legal, visto seu antigo senhor não querer mais admiti-lo em seus domínios e as autoridades se quedarem indecisas em condená-lo sem provas suficientes, e também em deixá-lo em liberdade diante de tão sérias acusações.

Apresentou-se, então, Fernando Guimarães no local indicado, a examinar a 'mercadoria' à venda e as condições da compra. Homem de caráter aventureiro, habituado à intrepidez do comando de marinheiros e a brigas marítimas com piratas, constatou que lhe convinha a aquisição, e, sentimental a despeito de tudo, como todo verdadeiro português, sentiu-se compadecido ao verificar o escravo algemado de pés e mãos e que, por seu corpo, pronunciadas cicatrizes, produzidas por chicotes, assinalavam os maus-tratos recebidos de seus senhores.

— Como te chamas, amigo?... – interrogou ele, com bonomia, à 'mercadoria' já adquirida, cujo preço fora irrisório, dadas as desvantagens que a mesma oferecia ao comprador.

— É... é... Caetano do Espírito Santo, Nhonhô, para seu serviço...

A humildade entrevista nesta frase simples, proferida com um misto de timidez e espanto por se ver bondosamente tratado, talvez pela primeira vez, comoveu ainda mais o rude marinheiro, que continuou no seu original inquérito:

— Queres vir comigo, servir-me lealmente, comer bem, não receber castigos, seguir-me em minhas viagens e caçadas?...

O infeliz caiu de joelhos, procurando beijar as mãos daquele que aparecera em sua vida como benfeitor que o salvava da morte, e respondeu:

— Nhonhô, serei fiel escravo... Livrai-me da morte... Tenho medo da forca... Tenho medo...

Pelo caminho, demandando a hospedaria que ocupava com os amigos, Fernando interrogou Caetano em tom afável:

— Por que mataste os três capatazes?... Dize-me a verdade... Sou teu amigo... Não te entregarei à Polícia... mas preciso conhecer-te bem, ainda que sejas criminoso, para poder confiar em ti.

A resposta foi veemente e fácil:

— Nhonhô, matei só um capataz... Os outros dois não fui eu... Foram 'Pai Nastácio' e o 'Totonho da Porteira'.

— Por que o mataste?...

— Era cruel... Deixava-me com fome por qualquer motivo... Eu vivia faminto e era forçado a trabalhar... Espancava-me sem razão... Estes sinais, Nhonhô, foram feitos pelo chicote dele... Bateu em minha mãe à minha vista... e por isso...

— Por que não disseste às autoridades que 'Pai Nastácio' e o 'Totonho da Porteira' mataram os outros dois?...

— Eh! Eh! Eh! Nhonhô... mas um escravo não deve entregar outro escravo para ser enforcado... Eles também sabiam que eu matara o outro e se calaram... Nós também possuímos nossa honra e nossa lei... Eles também sofriam, eram chicoteados...

— E o menino?...

— Não era um 'menino', Nhonhô, era um escravo, um 'moleque'.

— Sim, e esse?

— Ninguém o matou... Caiu no riacho, que estava cheio, e afogou-se... Era muito traquinas...

— Disseram que tu o mataste, atirando-o ao rio para que se afogasse, porque não gostavas dele.

— Não, senhor, não gostava dele... mas não o matei... Bati-lhe algumas vezes... Era mau e intrigante... Para receber comidas e doces intrigava os escravos com os capatazes...

— Então não o mataste?...

— Não, senhor! Ninguém o matou.

— Caetano, confio em ti... – concluiu o lusitano. — Serei teu amigo. Se me servires fielmente, conforme desejo, durante os quatro ou cinco anos que pretendo demorar-me no Brasil, ao regressar a Portugal não te venderei a outro senhor... Dar-te-ei antes carta de alforria...

O negro beijou a mão a seu senhor, sem nada responder.

7

De início, o casal de esposos, a quem chamaremos Rosa e Bernardino, sentiu escrúpulos em conviver com um escravo que trazia a lúgubre fama de criminoso inveterado. Fernando, porém, intercedeu por ele e, sob o bom trato do seu novo amo e daqueles amigos, Caetano tornara-se tão dócil e fiel que bem depressa mereceu a confiança de todos. Rosa, particularmente, condoía-se dele e tratava-o bondosamente. Estabelecidos em Minas Gerais, a vida de Bernardino e de Fernando prosseguia entre viagens pela Colônia ou adentro das matas, à caça de pedrarias, de ouro, de riquezas variadas, com temporadas muito suspeitosas em Vila Rica, onde residiam e eram considerados espiões pelos brasileiros, que os temiam e se afastavam deles. Não obstante, passados três anos, já havendo explodido o trágico malogro da Conjuração Mineira e presos os seus coparticipantes, Bernardino, como funcionário da Coroa que se dizia, não obstante a licença que proclamava fruir, vira-se obrigado a visitar Lisboa, chamado a missões – explicava – tão importantes que lhe não seria permitido expô-las a quem quer que fosse, nem mesmo à sua mulher, e, como possuía já avultados interesses na famosa Província e tencionasse regressar dentro de pequeno prazo, ficara deliberado que Rosa – mulher ativa e experiente – ficaria à frente dos negócios, enquanto Fernando, amigo da casa como verdadeiro irmão, zelaria pelos mesmos, auxiliando a mulher com o seu tino experimentado, sempre que voltasse à Vila, retornando das singulares viagens com o escravo Caetano. Ora, para um caráter invigilante e frívolo, que não associa ao próprio respeito pessoal o respeito devido a Deus, à família e à sociedade, as oportunidades para a prática do mal, ou seja, as tentações mundanas se apresentam a todos os momentos, sob qualquer pretexto.

Rosa e Fernando, que até ali se haviam respeitado como bons amigos e irmãos, equilibrados no cumprimento do dever, pouco a pouco, animados pela ausência de Bernardino e por uma convivência assídua, deixaram-se conduzir ao sabor das paixões e sucumbiram a um delito grave de adultério, de traição aos deveres da honra pessoal e da respeitabilidade a Deus e às leis do matrimônio. Bem cedo, como seria de esperar, fez-se sentir o fruto dessa união pecaminosa. Rosa tornou-se mãe na ausência do esposo e a situação alarmante desvairou o senso já abalado dos amantes culpados, pois esgotara-se o prazo para o regresso de Bernardino, que era esperado dentro em pouco.

E o crime foi cometido então, no próprio dia do nascimento da criança, sob o consentimento aterrorizado de Rosa, que temia a vingança do marido, e a resolução de Fernando, com a mesma perícia e desenvoltura com que nos dias atuais são praticados os infanticídios modernos, quando mães apavoradas ante o próprio erro, ou alguém por elas, preferem mais enegrecer a consciência, assassinando um ser indefeso que necessitaria reviver para Deus, por meio de uma encarnação, a assumir heroicamente a responsabilidade dos próprios atos, curvando-se às consequências dos desvairamentos cometidos, consequências que, por muito rígidas, comumente, poderiam realizar a reabilitação da pecadora perante si mesma e a sociedade e até perante Deus!

* * *

Era pouco mais das onze horas da noite.

Vagidos comoventes de recém-nascido ecoaram pela casa solitária, chácara vetusta dos arredores de Vila Rica. Fernando toma dos braços da escrava assistente o entezinho vigorosamente envolvido em panos, a fim de que seus lamentos fossem abafados... e esta conversação efetivou-se no extremo da grande chácara, à beira de um charco, entre o ex-oficial de bordo e seu escravo preferido, tornado cúmplice de suas aventuras pelo interior da grande Colônia:

— Que farei do nenê, Nhonhô?...

— Bem, Caetano... Eu não sei... Oferece-o a alguém, por aí... Será necessário que desapareça quanto antes, para se evitarem males maiores... Tu sabes... Bernardino não está... Foi uma maçada,[34] foi... Enjeitá-lo à porta da Igreja será perigoso... Serias reconhecido... As Igrejas limitam com residências... Tudo se descobriria, o escândalo estrugiria e viria até mesmo a forca... Tu sabes, não sabes, Caetano?... Entendes o teu bom senhor, que pela segunda vez quer te livrar da forca?

— Eh! Ah!... Entendo sim, meu bom 'Sinhô'... Entendo sim, 'Sinhô'...

— Então... Será bom que ninguém desconfie... senão será a forca para nós todos... A Vila é pequena, poderiam falar... ao passo que aqui, nesta chácara solitária... No fundo deste charco, quem poderia mergulhar para descobrir?... Entendes, Caetano?...

— Entendo sim, Nhonhô, como não?...

Caetano assassinou friamente a criança recém-nascida, para satisfazer ao amo. Todavia, receoso de que, enterrando-a, os porcos ambulantes, ou alguma plantação posterior nos terrenos da chácara, pudessem descobrir o pequeno cadáver, resolveu esquartejá-lo cuidadosamente, com sua faca de caça, com a qual já assassinara mais duas infelizes criaturas, durante as viagens com seu senhor e por ordem deste; depois do que, envolvendo os pequeninos despojos em uma cobertura de lã, amarrou o singular volume a uma grande pedra e atirou-o ao fundo lodoso do pântano, para o repasto das asquerosas feras aquáticas.

---

[34] N.E.: Mau negócio, situação embaraçosa.

No espaço longínquo as estrelas cintilavam lindas e tranquilas, como desejando ocultar da razão de todas as coisas o abominável ato contrário à harmonia das Leis Eternas, ato cujas repercussões se estenderiam sobre os criminosos como garras de inflexível monstro, que cobrariam o insulto aberrante contra a Natureza – imagem do Criador sobre a Terra...

* * *

Penalizado, ouvindo a exposição do mentor espiritual de Angelita, fácil fora às minhas conclusões compreender o que se havia seguido no destino daquelas três infelizes criaturas. Ali se encontravam elas, à minha frente, mui fortemente atadas umas às outras pelas repercussões consciencias de um grande crime, para que dúvidas me pudessem advir sobre o que o futuro ainda lhes reservaria. Estudemos, porém, com o leitor atento, o enlevamento do adultério e do infanticídio praticados em Vila Rica ao tempo dos Inconfidentes, nas suas consequências remotas, a fim de que o mesmo leitor, compreendendo as leis que regem os destinos da Humanidade, possa esclarecer os leigos quanto à severidade e justiça das mesmas leis, em lições prudentes e racionais aplicadas no convívio diário, lições que muito poderão contribuir para a educação das almas frágeis que ainda não puderam ou não souberam compreender que os mundos e suas Humanidades são regidos por uma justiça inflexível, que, a bem do próprio delinquente, dele exigirá atos condizentes com a harmonia da Criação, jamais sancionando desvios das rotas traçadas pela Legislação Suprema.

Olhei penalizado: ali estava Rosa, a esposa delinquente, revivida na personalidade da formosa e sofredora Angelita. Ali estava Fernando Guimarães, o amigo infiel e sedutor soez, o pai desalmado, ressurgido no belo varão Alípio, a quem eu vira chorar a noite toda sobre o drama do nascimento do seu primogênito. E ali também estava Caetano, o antigo escravo, perverso e dissimulado, que, ligado a ambos por laços poderosos do passado, à sombra dos seus Espíritos se homiziara, renascendo como filho primogênito, sacrificado pela Ciência, à frente de um parto em que acidentes imprevistos exigiram de um cirurgião ginecologista a necessidade extrema de um esquartejamento em condições dolorosas, para que seu nascimento, tornado impossível por vias normais, não causasse a morte àquela que durante nove meses o trouxera preso ao próprio seio! Como Espírito, Caetano, ligado a Angelita igualmente pelas poderosas cadeias magnéticas que estabelecem o período da gestação do feto até o momento do nascimento, cadeias que se prolongam durante toda uma existência, porque, incontestavelmente, um filho estará ligado a sua mãe por indefiníveis atilhos psíquico-físicos, até mesmo, muitas vezes, pelo Além-Túmulo afora; Caetano, culpado muitas vezes, sofria ainda os reflexos da brutal operação que sua mãe padecera no instante de dá-lo ao mundo. Súbitos estremecimentos sacudiam-no. E, apavorado, como presa de cruel pesadelo consciencial, sua mente se aterrorizava ao sentir despedaçado aquele corpo que, em parte, ocupara, confusamente supondo haver-se tornado, por magias incompreensíveis, no mísero recém-nascido de Vila Rica, o qual ele mesmo estrangulara e esquartejara para melhor encobri-lo a um esposo ultrajado em sua dignidade matrimonial. Acheguei-me ao infeliz, procurando-o no domicílio já visitado. Conjurei-o a despertar para Deus por meio de uma prece, a qual tentei ensiná-lo a extrair do coração. Disse-lhe da bondade paternal do Criador, cujas leis, estabelecendo uma inflexível justiça na punição do erro, também estabelecem o misericordioso ensejo para a reabilitação da alma culpada, e concitei-o a uma experiência de meditação para o arrependimento, a fim de que se conseguisse elevar das próprias misérias vislumbrando um caminho a perlustrar dentro da harmonia da legislação divina. Caetano, porém, foi surdo aos meus convites para essas tentativas, talvez pela sua grande ignorância, sem a boa vontade para o progresso, ou talvez ainda padecendo a revolta das amarguras havidas durante a escravatura. Fugiu, pois, espavorido, perseguido por visões e terrores inauditos, para retornar mais tarde ao mesmo cenário de onde se abalara, isto é, à residência de Alípio e Angelita, e ali se postando junto daquele a quem continuava considerando senhor e amo... E confabulei comigo mesmo, contemplando esse drama singular, cuja destinação através das linhas do futuro facilmente se delineou às minhas premonições:

— Bem sei, Deus meu, que, para casos como este, somente haverá a dor da expiação e dos resgates terrenos, para devidamente lavar do opróbrio a alma naufragada nos próprios deslizes! Todavia, ouso suplicar que a tua paternal misericórdia dulcifique um tanto mais as arestas da jornada reparadora que estes três infelizes irmãos meus para si mesmos traçaram, no dia em que se transviaram dos bons caminhos apontados pela tua justiça!

8

Angelita convalescia lenta, penosamente. Profundo desapontamento anuviava o coração do jovem casal. Um mês após a operação, declarara o médico assistente, consternado, que a cliente se tornara inválida, não lhe sendo facultada a possibilidade, nunca mais, de se levantar do leito para caminhar ou sequer sentar-se! Certo acidente muito grave, ocorrido durante a indecisão em chamar-se o médico para se decidir a operação, causara o desastre, tornando Angelita criatura semimorta em plena florescência das suas 19 primaveras! Desolado, Alípio encobria da esposa a consternadora verdade, alimentando, piedosamente, naquele coração amante e ainda repleto de doces ilusões, a fictícia esperança de um restabelecimento, no intuito de reanimá-lo, enquanto o seu próprio coração sangrava na desventura dos sonhos malogrados para uma feliz vida conjugal. Nos primeiros meses que se seguiram, cercou-a ele de todos os desvelos que um sentimento terno, acometido de compaixão, poderia inspirar, passando tardes inteiras à sua cabeceira e reservando-lhe os domingos inteiramente, em uma assistência integral, edificante. Pouco a pouco, porém, o irremediável estado de coisas impôs-se, cansando o ardoroso Alípio, cansando a Sra. Matilde, mãe de Angelita, a qual, retornando ao próprio domicílio, abandonara a filha ao cuidado de serviçais, pretextando urgência de se reintegrar nos afazeres próprios, ao passo que o genro já se desinteressava dos serões da tarde, afastando-se do lar igualmente aos domingos, para o almoço com amigos, regressando, destarte, ao antigo estado de solteiro. E Angelita, então, passou a se reconhecer esquecida pelo marido, o qual, ao sair, apressado sempre, beijava-a distraidamente ou mesmo deixava de fazê-lo; reconheceu-se esquecida pela mãe, que, irritada, ao visitá-la, de vez em quando, blasfemava em sua presença, sugerindo que o Criador teria agido melhor, levando-a por ocasião do parto... E a infeliz, então, tudo observando sob o cáustico de um lento e silencioso martírio, inteirou-se finalmente da verdadeira situação a que ficara reduzida. No entanto, calava-se diante das impiedosas argumentações maternas e jamais irritava o esposo com quaisquer queixumes ou reclamações, preferindo chorar às ocultas, discreta e altiva ao sentir-se traste incômodo a quem toda a família desejaria ver baixar à sepultura. Então, quando todas as desilusões se sobrepuseram às suas esperanças, ameaçando desesperá-la, avolumou-se em seu destino a dedicação ilimitada de um anjo bom travestido na pessoa de uma amiga leal, cuja alma de crente se prestou, fácil e dignamente, à intervenção oculta da Espiritualidade para socorrê-la no seu estranho calvário. Essa alma, favorecida pelas dúlcidas inspirações do Alto, graças aos dons de bondade que sabia cultivar, foi Sarita, a jovem viúva a quem entrevimos no início desta história.

E, assim, grandioso panorama de caridade moral, a mais completa, a mais espinhosa a ser realizada, em vista dos complexos que se lhe antepõem às inspirações, começou a se desenrolar sob o teto daquele lar, tornado em túmulo prematuro de um espírito que delinquira em diferentes etapas reencarnatórias.

Compreendendo a amiga inválida, sem esperanças de jamais se restabelecer, Sarita tratou de suavizar a decoração do presídio em que se transformara a câmara conjugal do jovem casal. Transformou-a em formosa e pitoresca sala, onde o leito seria o trono e Angelita a soberana. Ornou-a de belos tapetes, de quadros e de flores, para lá transportando igualmente o piano da jovem. Ali mesmo promovia, aos domingos, com suas alunas e amigas, delicados recitais de declamação, no intuito de distrair a enferma, e atraiu visitas frequentes, que alegravam a pobre moça com palestras edificantes, porque escolhidas e sérias. Ela própria, apesar da escola e dos cinco filhos que dirigia, visitava a doente pela manhã e à noite, até a hora do chá, quando então a acomodava para adormecer. E tais visitas, cuja dedicação repercutiu em Além-Túmulo com as maviosas ressonâncias da sublimação do amor fraterno, retratando a beneficência em um dos seus matizes mais brilhantes, tiveram um curso regular, diário, ininterrupto, de onze longos anos, período em que se manteve a enferma no leito, sem que jamais Sarita negligenciasse nas suas atenções à amiga.

Felizmente para ambas, a bondosa viúva, portadora de excelente saúde, jamais adoecia seriamente. Os pequenos resfriados e indisposições, que porventura a assaltassem ocasionalmente, nunca foram pretextos para que deixasse de cumprir o seu devotamento junto da inválida, cuja residência, por felicidade, distava poucos passos da sua. Fez mais a amável criatura: colocou nas mãos da enferma, que apenas se poderia recostar entre almofadas, a confecção de bordados e crochês, de rendas e flores, e pequenas costuras. Animou-a a ensinar as primeiras lições do silabário e os primeiros trabalhos manuais a pobres crianças que não teriam ensejo de algo aprender se não fora a boa vontade dos corações bem formados, e a câmara, assim sendo, foi transformada em escola, fato que constituiu sublime encantamento para Angelita, que admirava as crianças.

E coroando todo esse programa de beneficência, ela própria, Sarita, lecionava à amiga a ideia de Deus, a existência e a imortalidade da alma humana, a consoladora esperança de uma vida após a morte, plena de justiça e recompensas para aquele que, à frente de irremediáveis dilacerações morais durante a vida hodierna, a elas souber resignar-se ao mesmo tempo em que delas faça a escalada evolutiva para Deus. Ensinou-a a orar, orando ela mesma, diariamente, em sua companhia. E, atraindo para o recinto, como de justiça, com tais atitudes, os adamantinos eflúvios da Espiritualidade, reconhecia que Angelita se beneficiava, porquanto suas revoltas e blasfêmias diminuíam sensivelmente.

O trabalho, bendito elemento de redenção, desenvolvido tão singela quanto eficientemente, em torno de crianças de condições humildes, despertou na doente o sentimento de fraterno interesse pelos semelhantes. A meditação a respeito da alma humana levou-a a identificar-se com os ideais religiosos. E a resignação, sublime amparo do desgraçado, envolveu sua personalidade, encorajando-a e dignificando-a em pleno testemunho de dores acerbas.

Ao demais, Sarita promovia chás e convidava amigas, reservando-se ainda para acompanhá-la ao almoço dos domingos, na ausência de Alípio, que se desinteressara completamente do lar. Confeccionava-lhe caprichosos vestidos e blusas modernas, adornando-a e perfumando-a sempre com subido carinho. Lia-lhe interessantes romances e contos atraentes, os quais eram motivos de agradáveis debates entre ambas. Deu-lhe a conhecer, sutilmente, a literatura evangélica... e um curso de cristianização seguiu-se na doçura daquela câmara para onde se dirigiam as visitas misericordiosas dos Céus. Lia para a amiga as mais belas e comoventes passagens do Novo Testamento, como a vida dos primeiros cristãos. Comentava parábolas, curas, feitos, conversões, ensinamentos de Jesus ao povo, analisando as consequências sociais daí derivadas, apresentando-lhe Jesus tal como realmente o vemos apresentado nos Evangelhos – ativo, sociável, prático, amigo do povo sofredor, pronto sempre a remover dificuldades, a aliviar sofrimentos alheios, a ensinar e esclarecer, construindo no coração humano a moral imarcescível de que resultará a própria evolução social do planeta. Livros educativos, então muito em uso à cabeceira dos pensadores e estudiosos inclinados ao ideal de perfeição humana, como o eram os de Samuel Smiles,[35] de José Ingenieros;[36] a *Imitação de Cristo*, que outrora tantas lágrimas enxugou nos corações oprimidos, na solidão de câmaras tristes, eram apresentados à inválida pela capacidade moral de Sarita. E era belo, então, vê-las entretendo-se em análises e debates a respeito de tão nobres assuntos, meditando sobre os formosos conceitos e as exposições edificantes encontradas em suas páginas. E porque fosse Sarita alma cândida, revestida

---

[35] N.E.: Samuel Smiles (1812–1904) – escritor e reformador britânico. Smiles é conhecido, sobretudo, por ter escrito livros que exaltam as virtudes da "autoajuda" e biografias enaltecendo os feitos de engenheiros heroicos.

[36] N.E.: José Ingenieros (1877–1925) – médico, psiquiatra, psicólogo, farmacêutico, escritor, docente, filósofo e sociólogo ítalo-argentino.

Dramas da obsessão

de boa vontade, um médium de intuições, embora o ignorasse, os instrutores espirituais acorriam coadjuvando-lhe os esforços a favor da ovelha necessitada de socorro. E, assim sendo, a inspiração brotava de sua alma momentaneamente revigorada pelas forças benfazejas do Invisível, e lições fecundas e revivificadoras eram para ali veiculadas através do canal piedoso do seu coração angelical.

Esse paciente, admirável trabalho de consolação e reedificação moral de uma criatura enferma psíquica e fisicamente, conforme asseveramos, levou não menos de onze anos, incansáveis e eficientes, aos quais nem mesmo festejos de natalícios faltaram, sendo as datas gradas do aniversário de Angelita, de Alípio e da própria Sarita comemoradas com satisfação. E pelo Natal de Jesus havia distribuição de dádivas à criançada. Brinquedos, roupinhas, sapatinhos e guloseimas gostosas eram oferecidos a determinado número de pequerruchos e a suas mamães, os quais recebiam das próprias mãos da doente as recordações gentis do dia do Senhor, pois Sarita, que isso tudo preparara cautelosamente durante o ano todo, por essa época transmudava, ainda uma vez, o aposento da amiga em gracioso arsenal de preciosidades infantis, para que o sorriso aflorasse nos tristes lábios da enferma ao constatar a alegria e a sofreguidão da criançada ao tomar de suas mãos bonecas e palhaços, carrocinhas e cavalos, fogõezinhos e cartuchos de doces, camisinhas e lindas fitas.

9

Entrementes, Angelita, silenciosa, percebia que o marido de dia para dia mais e mais a deixara no abandono. Readaptara-se à vida de solteiro e até parecia repugná-la, esquecendo-a sem compaixão pela sua desdita, desinteressando-se do dever moral de suavizar-lhe o martírio com afetuosas atenções. Passava dias e noites inteiras sem retornar ao lar. Dir-se-ia agora hóspede em sua própria casa! E, ao voltar, era como se a esposa fosse um ser estranho, para com o qual não se sentia obrigado a considerações. Não se lembrava de que ela possuía também um coração, que esse coração o amava profundamente, e ao qual os deveres de humanidade lhe mandariam respeitar e consolar... preocupado, como se aprazia de permanecer, com as conquistas amorosas que se permitia fora do lar. Nem as ocultava tampouco à pobre criatura chumbada à invalidez. Parecia até mesmo entender ser perfeitamente natural que Angelita o aprovasse com satisfação e alegria, sem indagar se tal situação deixaria ou não de ferir o coração da jovem esposa, que não cessava de amá-lo. Narrava-lhe, displicentemente, as conquistas levadas a efeito pelos clubes que frequentava. Dava-lhe a ler as cartas apaixonadas que recebia e retribuía. Contava-lhe as ligações amorosas que cultivava. Preparava-se para festas e danças em sua presença, pedindo-lhe a opinião sobre a cor da gravata e do cravo a usar na lapela, consultando-a sobre se levaria lenço de seda branca ou creme, perfumado a heliotrópio ou a jacinto, para apoiar, sob a mão, na cintura das damas com quem dançasse, e se o friso dos bigodes seria mais alto ou mais baixo e a linha dos cabelos ao meio da cabeça ou mais ao lado esquerdo.

Era o egoísmo feroz, do coração frio que apenas em si mesmo pensa, e a quem não causava espécie as desditas do coração alheio!

Dizer das horas de torturas morais que padecia Angelita não será certamente fácil tarefa para a capacidade de um estranho. Seus gemidos, porém, o eco pungente dos seus silenciosos anseios repercutiram no Além como súplicas de socorro, para que o Céu descesse em refrigérios para ela, fortalecendo-a contra a desesperação, na dura experiência. E o Céu descia, com efeito, nas individualidades das formosas crianças de Antônio de Pádua, as quais, levando-a a adormecer em letargias profundas, alçavam o seu espírito acabrunhado ao seio dos Espaços. E, ali, quais benditos anjos de um novo Getsêmani, a consolavam com dulcíssimos conselhos e visões de arrebatadoras esperanças, revigorando-a para que sorvesse de boa mente o fel das próprias amarguras até o fim das provações, afirmando-lhe, e dando-lhe a ver dentro de si mesma que tão espinhosa, decepcionante quadra de sua existência mais não era do que a irremediável consequência de um ingrato passado reencarnatório, quando, vivendo em Vila Rica sob o nome de Rosa, amada e respeitada por um esposo digno e confiante, atraiçoava a sua fé conjugal friamente, permitindo-se o ultraje de uma infidelidade aviltante com a pessoa do maior amigo da sua casa, aquele Fernando Guimarães de então, cujo Espírito, agora reencarnado, outro não era senão o seu próprio esposo do momento, isto é, o galante Alípio, cujos maus pendores continuavam ainda os mesmos. E explicavam ainda as angelicais crianças de Antônio:

— Será imprescindível, pois, que te resignes, irmã querida, à melancólica situação terrena da atualidade, porquanto é o único recurso existente em teus caminhos para te reabilitares ante a própria consciência! Volta-te, portanto, para Deus, nosso Pai, o qual bastante poderoso será para conceder-te forças para a vitória contra ti mesma.

10

Certo dia chegou à residência do casal, na ausência de Alípio e de Sarita, uma visita para a enferma. A criada fê-la inadvertidamente entrar, encaminhando-a para o aposento onde, de preferência, Angelita permanecia, isto é, a antiga câmara conjugal, agora transformada em escola e salão de visitas. Absorvida pela leitura das consoladoras páginas da *Imitação de Cristo*, Angelita mantinha a alma voltada para as doçuras da Espiritualidade, enquanto o coração se reanimava ante murmúrios inefáveis daquela voz celeste que nos refolhos da sua personalidade ecoava com as mais amorosas e enternecedoras advertências que ela poderia receber de alguém, e lia comovida:

"Cristo também foi, neste mundo, desprezado dos homens, e em suma necessidade, entre os opróbrios, o desampararam seus conhecidos e amigos. Cristo quis padecer e ser desprezado, e tu ousas queixar-te de alguém? Cristo teve adversários e detratores, e tu queres ter a todos por amigos e benfeitores? Se não queres sofrer alguma contrariedade, como serás amigo do Cristo? Sofre com Cristo e por Cristo, se com Cristo queres reinar..."

Virou lentamente a página, o coração como que destilando essências espiritualizadas, e seus olhos tristes depararam o que se segue:

"Se souberes calar e sofrer, verás, sem dúvida, o socorro do Senhor. Ele sabe o tempo e o momento de te livrar; portanto, entrega-te todo a Ele."

"Ao humilde, Deus protege e salva; ao humilde, ama e consola; ao humilde Ele se inclina, dá-lhe abundantes graças e, depois do abatimento, o levanta a grande honra. Ao humilde revela seus segredos e com doçura a si o atrai e convida. O humilde, ao sofrer afrontas, conserva sua paz, porque confia em Deus, e não no mundo. Não julgues ter feito progresso algum, enquanto te não reconheças inferior a todos."

A visita entrou acompanhada pela dedicada serva. Angelita fechou o livro e colocou-o sob as almofadas. Tratava-se de uma dama corpulenta, morena, de grandes olhos nostálgicos, recordando olhos da raça africana. A enferma não a vira jamais! Não se tratava de relações de amizade da família. Ao primeiro exame, porém, compreendeu que aquela mulher sofria. Intrigada, sentindo ainda repercutir no coração as vozes deíficas das páginas que lera, fez um gesto, convidando-a a sentar-se.

— Ao que devo a honra da sua visita, minha senhora?... – perguntou atenciosa.

A visitante demonstrou indecisão, para em seguida responder, traindo emoção:

— É tão ingrato o móvel da visita que lhe faço, minha senhora, que antes de mais nada rogo ao seu coração muita serenidade para me ouvir, e, acima de tudo, o seu perdão para a ousadia em procurá-la e para o desgosto que, estou certa, lhe causarei...

Angelita empalideceu imperceptivelmente, enquanto o coração se lhe precipitou sob o acúleo de penosa angústia, e fitou a visitante, como animando-a a prosseguir.

— Trata-se de seu marido, minha senhora...

— Estou ouvindo, pode falar...

Dramas da obsessão

— ... Tenho uma filha de 16 anos, a única que possuo, o anjo do meu lar, que já não conta com o amparo de um chefe, pois sou viúva.

Silêncio desconcertante pesou entre ambas. Os olhos da visitante encheram-se de lágrimas. A palidez da inválida acentuou-se:

— Prossiga, minha senhora, estou ouvindo... – repetiu resoluta.

E a dama de olhos melancólicos, qual meteoro que acabasse de destroçar o coração da infeliz esposa de Alípio, explicou de chofre:

— Minha filha foi seduzida por seu marido...

As duas se entreolharam, depois do que Angelita exclamou serena, amparada por uma tranquilidade como se dos Céus descessem refrigérios a fim de alentá-la:

— E que espera a senhora possa eu fazer por sua filha? Há nove anos estou inválida neste leito de dores! Somente a minha morte remediaria a situação de sua filha, pois, infelizmente para ela e quiçá também para mim, o Código Civil Brasileiro não só não adota o divórcio como, ainda que o adotasse, não o concederia a meu marido só pelo fato de ser eu inválida... Deus, porém, em sua soberana justiça, ainda não desejou libertar-me deste cativeiro.

— Minha filha é uma criança e será mãe dentro de algum tempo... Pleiteio para ela o direito de ser dotada por seu marido, pois sei que ele possui bens.

— Por que não se dirige antes a ele, minha senhora?

— Nega-se a atender-me.

— Dirija-se então ao Juizado de Menores.

— Haveria escândalo... Ele será, certamente, processado pela Justiça, a situação de minha filha se complicaria, ele se tornaria inimigo.

— Que deseja, então, de mim?

— Que o aconselhe, instando para que me atenda, a bem de todos nós. Ousei dirigir-me à senhora porque ele afirma que é esposa compreensiva... não o molestando por haver tornado à vida de solteiro.

Angelita meditou por um instante e depois adveio com desânimo:

— Talvez a senhora tenha razão em me procurar para tal fim, porquanto, nestes nove anos de tão cruéis sofrimentos, somente restava esse pormenor para me completar o martírio.

Certamente, reanimada pela fragilidade da criatura a quem abordava, a visitante continuou displicente:

— Quero que ele monte uma casa e se comprometa a amparar minha filha como se realmente fosse casado com ela. A senhora há de convir que eu, como mãe...

— Sim, tem toda a razão... Verei se posso fazer o que me pede. Agora, suplico-lhe, por piedade, retire-se, deixe-me em paz...

O resultado de tão ousada quão impiedosa visita não se fez esperar. Informada na mesma tarde pela amiga, que se não encorajara a dirigir-se ao marido para tão singular assunto, Sarita prestou-se a abordá-lo no intuito de evitar à pobre inválida novos choques da mesma espécie, visto que não seria justo que a infeliz esposa fosse imiscuída no melindroso caso. De ordinário, porém, a pessoa colhida em falta grave, em vez de se penitenciar, como seria honroso, revolta-se contra aqueles que lhe descobrem os erros, portando-se violentamente. Alípio não só repeliu Sarita como, em altas vozes, com ela discutiu, declarando que faria de sua vida o que bem entendesse, torcendo o sentido da advertência piedosa da fiel amiga para repetir que se transferiria definitivamente para a casa da jovem seduzida, a esperar o fruto querido, resultante da união, terminando por lamentar que a esposa vivesse ainda, impedindo-o legalizar a situação com aquela a quem ardentemente queria. Entrou no aposento da enferma e confirmou, colérico, o que se passava, acrescentando não admitir censuras; insultou-a cruamente, rogando-lhe que morresse de vez, desocupando um título e um lugar que antes caberia à outra, visto que ela, Angelita, fora fragilmente ligada a ele apenas durante onze meses; que os laços do matrimônio, entre ambos, haviam sido definitivamente rompidos e que ela se desse por muito feliz de ali continuar, naquela casa, onde era suportada apenas pelo critério da caridade.

A jovem esposa não replicara sequer com um monossílabo. Não derramou uma só lágrima! A dor de assim ouvir o ser amado fora demasiada, cristalizando em seu coração a possibilidade de reação. A amiga procurou reconfortá-la tanto quanto possível, não obstante compreender que a desditosa acabara de receber o golpe mortal, pois apenas Sarita permanecia à sua cabeceira, local onde sua própria mãe, feliz entre os demais filhos, só raramente aparecia.

Entrementes, o mau esposo cumprira o prometido. Retirou-se definitivamente do lar, curvando-se, finalmente, à imposição que lhe fizera a genitora da jovem seduzida. Esqueceu, assim, completamente, a esposa inválida, cujas necessidades eram agora supridas por Sarita e um ou outro parente mais prestativo, uma vez que o esposo só de longe em longe se permitia o incômodo de informar-se do que careceria aquela que, a despeito de tudo, usava o seu nome.

Tão lamentável estado de coisas durou ainda dois longos anos, durante os quais, agravando-se o estado da enferma com a irrupção de um câncer interno – consequência do acidente verificado por ocasião da operação e como resultado imediato do choque traumático pela suprema descaridade sofrida do esposo –, seus padecimentos ultrapassaram todas as perspectivas. Até que, por uma tarde tépida e serena de domingo, a sós com a fiel amiga e suas filhas e o velho médico assistente, Angelita desprendeu-se, finalmente, da prisão corpórea, que a detivera na expiação de um mau passado, alçando às moradas invisíveis sob a tutela das amoráveis crianças de Antônio de Pádua, depois de onze anos de um calvário de dores morais cruentas e de lágrimas silenciosas e humildes.

11

Por uma dessas atrações vibratórias que para a maioria dos pensadores se conservam envoltas em impenetráveis mistérios, a entidade Caetano prendera-se de profundo amor àquela que se tornaria sua mãe terrena, que realmente o fora, porque, durante o longo período da gestação e desenvolvimento do seu corpo, tivera o perispírito poderosamente atraído para o dela pelos liames magnéticos necessários ao feito reencarnatório, em um aconchego terno e emocional de irradiações amoráveis e encantadoras, que geralmente é o que produz o sentimento imperecível de uma mãe pelo seu filho, e vice-versa, ainda que seus Espíritos sejam desconhecidos.[37] As intensas vibrações mentais irradiadas pela mulher que será mãe, em favor do entezinho que já palpita em seu seio fecundado; o amoroso, inexcedível carinho do seu coração, que cumula de doces enlevos aquele retalho de si mesma, que será o seu filhinho amado, mesmo antes do nascimento; o desvelo sublime com que lhe prepara o enxovalzinho mimoso, tesouro que suas mãos fabricam entre suaves emoções do coração e pensamentos santificados pela alegria da maternidade, criam em torno da gestante uma atmosfera mental radiosa que atrai, cativa e apaixona o Espírito do nascituro, enquanto comove o observador invisível, que contempla as repercussões que o fato produz nas vibrações de ambos, vibrações que se entrecruzam, se entrelaçam em um ósculo santo, a que ambos perfeitamente

---

[37] N.E.: Nem sempre esses elos são originários do amor. Poderão firmar-se também no ódio, tendo em vista penosas expiações e reparações para o advento da reconciliação dos Espíritos.

se adaptam. Daí, pois, igualmente, essa ligação indefectível dos filhos com suas mães, além de outras que, em muitos casos, costumam existir a par das que citamos. De um modo idêntico, se a mulher irradia aversão à maternidade, dedicando a esse ser que traz consigo pensamentos malévolos e odiosos, até o extremo de destruí-lo, negando-lhe a existência por seu intermédio, o inverso se realiza e o Espírito que reencarnaria por meio dela torna-se, frequentemente, perigoso inimigo, que a perseguirá em além-túmulo mais tarde e, possivelmente, em posterior existência, podendo mesmo obsidiá-la sob várias formas.

Espiritualmente, Caetano continuava afeito a Angelita, não olvidando ainda que outrora, em Vila Rica, dela recebera o melhor trato a que um escravo poderia aspirar, porque desinteressado, visto que nem mesmo fora sua propriedade. Sabia ser Angelita a revivescência espiritual de Rosa, e, conquanto ignorasse os pormenores do feito reencarnatório, distinguia o bastante para acompanhá-la com sentimentos muito confiantes. De outro modo, reconhecia em Alípio aquele Fernando de quem fora escravo, a quem devera a salvação da morte na forca, mas sob as injunções de quem se aviltara ainda mais no crime. Não ignorava que, graças a tais delitos, teria de arrostar sobre a Terra, mais dia menos dia, como reencarnado, vidas de expiações e trabalhos. E que, por isso mesmo, era que sua existência incorpórea do momento era povoada de remorsos e alucinações lancinantes. Todavia, Espírito inferior e retardado no progresso, que se prazia de ser, não se animava a decisões salvadoras sob as advertências dos obreiros do amor, que o desejariam ajudar. A princípio, não raciocinou francamente sob tal aspecto da própria miséria, ou seja, sobre o fato de Alípio o haver instigado ao crime. Este continuava, para ele, sendo o bom senhor que o libertara outrora da forca. No entanto, assistindo agora, diariamente, à impiedade deste contra a pobre Angelita, entrou a raciocinar que o mesmo Alípio – o Fernando de Vila Rica – fora o causador das desgraças que afligiam aquela amiga querida e também da sua própria situação miserável, pois, outrora, impelira-o a crimes imperdoáveis, dentre outros o do assassínio bárbaro do recém-nascido, no fundo da velha chácara daquela antiga sede de Província.

Dramas da obsessão

Com o desaparecimento da enferma dos liames carnais, recrudesceu a sua irritação contra o despreocupado viúvo, a quem passou a responsabilizar também pela morte desta. E então, contundiam-lhe o coração as dolorosas impressões do abandono a que se via relegado, da saudade, da tristeza inconsolável, pois, enquanto Angelita ascendia a páramos reconfortadores do mundo astral, ele próprio, sem capacidades morais para acompanhá-la, permanecia na própria Terra, entregue a prantos amaros, vagando pela casa vazia e entristecida, perambulando pelas ruas qual mendigo desolado, visitando o Campo Santo onde sabia seu corpo sepultado.

Aversão insopitável contra Alípio avassalou então o coração apaixonado da inferior entidade. Passou a acompanhá-lo, irradiando hostilidades, admoestando-o sempre pelas infelicidades a ele próprio e a Angelita causadas. Seguia-o, como outrora, pelas caçadas e aventuras, mas, agora, choroso e desanimado, desejando-lhe toda a espécie de males e desgraças, em desagravo às ofensas recebidas.

Por sua vez, Alípio continuava servindo ao egoísmo que nutrira sempre, vivendo inteiramente arredado dos deveres da moral. Uma vez enviuvando, negara-se a desposar a jovem a quem seduzira, a qual, agora mãe de duas lindas criancinhas, sofria a humilhação de ser por ele considerada criatura de condição social inferior, a quem não serão devidas verdadeiras atenções; e, pouco depois, dela igualmente se fartando, promovera o matrimônio dela com um pobre homem valetudinário, ao qual concedeu um ordenado mensal para que lhe fosse criando os dois filhos, junto à mãe, sem grandes dificuldades. Sua vida tornara-se, então, anormal, sob o assédio de Caetano. Trabalhador e dinâmico que fora, passou a se sentir inabilitado para quaisquer empreendimentos. Não lograva satisfação e bem-estar em parte alguma, porquanto não laborava a fim de adquiri-los no interior da própria consciência.

Supondo-se enfermo, consultara o médico. Não encontrando em sua organização física senão ligeira alteração nervosa, o facultativo prescreveu distrações, passeios, viagens. Alípio então se pôs a viajar daqui para ali e acolá, entregando-se a prazeres desordenados: teatros licenciosos, amores condenáveis, frequências a clubes noturnos onde se embrutecem as boas tendências da alma, jogos e libações de vinhos etc., enquanto a entidade sofredora e endurecida, do escravo de outrora, continuou seguindo-o qual repercussão lógica e irremediável do pecaminoso passado que ainda não fora expungido do seu destino...

12

Entrementes, doze anos se passaram desde que Angelita regressara à Pátria Espiritual. Por esse tempo, eu continuava emprestando o meu concurso de assistente espiritual ao mesmo núcleo de estudos e experimentações espíritas citado no caso precedente. Como vimos, aquele núcleo se destacava pelo alto padrão de dedicação e humildade dos seus componentes em geral e de um grupo de médiuns em particular, cujas excelentes faculdades se prestavam facilmente a qualquer labor necessário à Espiritualidade efetuar relativamente à Terra. Dentre todos, no entanto, eu destacava, para as tarefas mais sutis, que implicassem maior precisão de detalhes e penetração no Além-Túmulo, uma jovem quase adolescente – não por preferências descabidas ou pessoais, mas por se tratar de instrumento cujas faculdades, positivas e maleáveis, se prestavam a qualquer serviço mediúnico, sem sacrifícios mútuos, isto é, sem excessivo esforço dela própria e da entidade comunicante. Ora, essa menina, espiritista e médium, cujo nome seria Míriam, pertencia ao círculo de relações sociais terrenas de Sarita, a antiga amiga de nossa personagem Angelita, a despeito da grande diferença de idades existente entre ambas. Por sua vez, Sarita, por motivos pertinentes aos acidentes da jornada planetária, transferira a própria residência para a capital do país. Certa vez em que a minha Míriam descia as montanhas da terra natal para rever amigos e familiares habitantes na capital, teve ensejo de também visitar Sarita, e esta, conhecedora de que aquela era adepta da Doutrina dos Espíritos, com atribuições nos campos mediúnicos, disse-lhe pensativa, servindo-se daquele fraseado gentil e afetuoso que eu de muito conhecera junto à pobre Angelita:

— Minha querida amiguinha! Bem sei que o teu coração, perfumado pelas caritativas fragrâncias do Evangelho do Divino Mestre, não saberia desatender a qualquer alma triste que o procurasse em busca de um alívio para os seus dissabores, ou de uma esperança! Eu sou católica romana, mas, acima de tudo, sou cristã, e, por isso mesmo, aceito as verdades espíritas, porque sei que elas se firmam não somente nas próprias Leis da Natureza, como nos ensinamentos do Evangelho do Senhor. Possuí, há muitos anos, uma amiga por nome Angelita, a quem muito amei pelos infortúnios que suportou e por quem muito sofri e chorei, recomendando-a ao amor de Deus e de seus anjos. É morta há doze anos! Tu eras pequenina, contavas apenas 8 anos, quando fechei o esquife de Angelita para conduzi-la ao Campo Santo. Durante cinco anos, duas vezes ao dia, eu orei sem desfalecimentos, para que a alma de Angelita encontrasse feliz acolhimento na Casa Espiritual de nosso Pai... e há sete anos oro para que ela me apareça em sonhos, ao menos, afirmando-me, pessoalmente, se está realmente "salva", se é plenamente feliz onde se encontra, se obteve o perdão do Céu para faltas que, possivelmente, tivesse cometido, porquanto, até certo tempo de sua vida, ela se conservou avessa ao respeito a Deus e à crença na existência da alma. Tu, Míriam, que sabes confabular com os fantasmas luminosos do Além, pede a um deles notícias de minha Angelita, e, em sinal de gratidão por esse favor, prometo que, por ti e pelo fantasma que mo conceder, passarei a orar durante outros sete anos, suplicando que as bênçãos do Alto semeiem de rosas o destino de ambos.

As lágrimas turvaram os meigos olhos de Sarita, cujos cabelos, agora já encanecidos, pareciam suave auréola matizando de neblina a sua fronte de madona. A súplica, no entanto, emitida por vibrações muito amorosas e inspirada no respeito às coisas celestes, repercutiu no mundo invisível com as tonalidades santas de uma prece. Despertou minha atenção e registrei o pedido feito ao meu médium. Comuniquei-me

Dramas da obsessão

com integrantes espirituais da formosa falange de Antônio de Pádua, da qual ela e Angelita seriam pupilas... e acertamos em que o desejo da amável Sarita fosse imediatamente atendido, visto que sobejos testemunhos de humildade, de fé, amor e perseverança ela já apresentara às Leis Eternas para merecer a dádiva a que aspirava, e a fim de que não viesse a se decepcionar, o seu coração, por um silêncio muito prolongado do mundo invisível. Asseverou-me, porém, o Espírito, agora feliz, da própria Angelita, que frequentemente a boa amiga vinha até ela, em além-túmulo, durante o sono corporal; que conversavam ambas e se entendiam perfeitamente, mas que Sarita, não possuindo faculdades mediúnicas positivas, não conservava possibilidades de deter lembranças para intuições definidas, ao despertar.

No entanto, regressando Míriam à sua residência, na primeira noite de trabalhos, no seu posto de intérprete do mundo invisível, providenciei para que o Espírito Angelita se aproximasse e a envolvesse em suas vibrações, materializando-se à sua visão mediúnica e ditando, psicograficamente, com acentos vibratórios muito positivos, a fim de transmitir mesmo os característicos da própria caligrafia que tivera em vida planetária, uma carta de amor fraterno, com o noticiário desejado por sua dedicada amiga, que não a esquecera. Jubilosa e feliz, a inválida de outrora, agora Espírito radioso, escreveu então, pela mão de Míriam, que, passiva, traduzia fielmente o pensamento que lhe era projetado:

"Minha querida Sarita: Venho, finalmente, agradecer-te a inapreciável dedicação que há vinte e três anos me testemunhas! Abençoem-te Deus e os seus anjos, minha amiga, pelo valor que, aqui, no Além--Túmulo, de onde te escrevo, representou o teu auxílio à pobre enferma, que sofreu e chorou durante onze longos anos, pois a felicidade, que hoje aqui desfruto, em grande parte é a ti que devo, àqueles serões diários que ao pé de mim fazias com tuas edificantes leituras, tuas orações generosas, teus conselhos salutares, que me iniciaram na reeducação necessária, reeducação que, hoje, os amoráveis meninos de 'Santo' Antônio de Pádua vêm completando, com o favor do Céu!

Sim, minha querida, estou salva! Estou liberta do peso dos pecados que me amarguravam a consciência! Um dia, quando também habitares onde habito, eu te revelarei esses pecados. Jamais, porém, sofri em Além-Túmulo, senão apenas lamentei a incompreensão e o desvio daqueles que me fizeram sofrer, aos quais, no entanto, sincera e jubilosamente perdoei há muitos anos! Todavia... Saibas tu, Sarita, que não foram os onze anos de sofrimentos físicos que me salvaram, mas sim os onze anos de sofrimentos morais que, sobre aquele leito solitário, apenas alegrado pela tua inexcedível boa vontade, eu suportei, contemplando, minuto a minuto, a morte do próprio coração, o despedaçamento das ilusões acalentadas pela juventude, e quando somente a Deus e a ti eu possuía para consolar as minhas lágrimas! Sê feliz como eu sou, Sarita! E recebe minhas bênçãos de amiga agradecida, os ósculos dos meninos de 'Santo' Antônio, as bênçãos dos Céus, que nos recomendam amarmos uns aos outros... Tua, de sempre, Angelita."

Em seguida, o gentil Espírito deixou-se contemplar por Míriam em toda a pujança da felicidade descrita na carta psicografada: docemente aclarado por cintilações azuladas, longa túnica angelical estendendo-se em cauda solene e fosforescente, cabelos louros soltos pelos ombros, um braçado de lírios entre as mãos, meigo anjo a quem somente faltariam asas para recordar as visões que inspiraram o espiritual gênio de Rafael, já expungido de sua consciência, através das lutas do sacrifício das reparações, o feio deslize do século XVIII, em Vila Rica. A seu lado, três lindas crianças, pobrezinhas, mas lucilantes, angelicais, pés desnudos, lírios entre as mãos.

Míriam pôs-se a chorar diante da visão formosa, exalçando o coração em prece de agradecimento.

No dia seguinte, enviou a mensagem a Sarita, pelo correio, acompanhada de afetuosa carta na qual narrava a visão surpreendente.

Ora, do Além estabelecêramos proporcionar a Sarita um testemunho insofismável da imortalidade, um fato concreto que a convencesse e edificasse até o deslumbramento e a alegria, justo prêmio à longa dedicação demonstrada sob os preceitos da lídima fraternidade. Por essa razão, na mesma noite em que o fenômeno acima descrito se desenrolava no receptáculo sagrado das operações mediúnicas, no Centro a que Míriam emprestava atividades, repetimo-lo exato, real, à própria Sarita, durante a madrugada, fazendo-a despertar do sono a que se entregava, para extasiá-la ante o aposento iluminado pela presença da amiga e das crianças do varão espiritual Antônio de Pádua, dando-lhe a ouvir a voz tão saudosa da amiga falecida e satisfazendo-lhe, assim, um pedido que, por meio de humildes e confiantes rogativas, ela suplicava havia sete anos:

— Sim, minha querida Sarita! Estou salva! Estou liberta do peso dos pecados que me amarguravam a consciência! Todavia não foram os onze anos de sofrimentos físicos que me permitiram a salvação, mas os onze anos de sofrimentos morais, bem suportados, sobre aquele leito solitário, quando somente a Deus e a ti eu possuía para consolar as minhas lágrimas!

Radiante, felicíssima, louvando a Deus em orações agradecidas, pelo inestimável favor recebido, e atribuindo-o à misericórdia do Pai Celestial, e não aos seus méritos pessoais, Sarita, já na manhã seguinte, entrou a presentear as criaturas pobres com muitas dádivas, testemunhando gratidão aos Céus, e escreveu a Míriam narrando o fato. As cartas de ambas se entrecruzaram, pois, pelo caminho. E Sarita e Míriam foram novamente edificadas, certas de mais uma sublime manifestação do Invisível por intermédio do amor, da fraternidade e das doces e imortais alvíssaras do Consolador prometido pelo Nazareno.

13

Justamente no desfecho da presente narrativa, que, absolutamente, não é uma ficção, encerra-se toda a aspereza da terrível Lei de Causa e Efeito, que nas páginas precedentes já foi cuidadosamente contornada sob o realismo de fatos por mim vistos e examinados. Esse desfecho abrange duas personalidades que o leitor ainda não esqueceu: Alípio e Caetano, o senhor de outrora e seu antigo escravo de confiança, ligados, moral e espiritualmente, pelos liames do passado e de modo irremediável, portanto, através do futuro.

A Lei de Causa e Efeito deveria ser estudada, espiritualmente, pelos homens, com o máximo esmero, meditando todos sobre ela o bastante para se forrarem ao seu gládio severo e inevitável, que desfere represálias impressionantes, porém, justas, criteriosas e sábias, as quais representam a reação da Natureza, ou da Criação, contra a desarmonia estabelecida em suas diretrizes pela própria criatura. Os homens, no entanto, jamais se aplicam a essa nobre investigação que lhes evitaria desgraças, apoucamentos e ignomínias que, absolutamente, não estariam no seu roteiro, se eles, mais comedidos nas ações diárias, não os criassem para si mesmos, com atitudes verificadas a cada passo na sociedade como dentro do lar.

Ora, como vimos para trás, a revolta de Caetano crescia contra Alípio, a quem atribuía as desventuras que vinha experimentando. Perdera de vista a terna amiga Angelita e, choroso, incapaz de perceber o meio eficaz de caminhar ao seu encontro, voltava-se contra Alípio, responsabilizando-o pelo desaparecimento da única amável criatura por quem se sentira amado, aquela Rosa compassiva de outrora, que jamais o humilhara; a Angelita de agora, que o embalara em vibrações dulcíssimas de amor materno, durante a espera do nascimento daquele corpo que deveria ocupar e que fora destroçado, como se tal destroçamento traduzisse o eco do trágico feito de Vila Rica no indefeso recém-nascido. Fizera-se, assim, como que a própria sombra do infeliz Alípio. Roubava-lhe a paz do sono, apresentando-se-lhe em sonhos para exprobrar-lhe os antigos crimes que o obrigara a praticar, como os maus-tratos morais infligidos a Angelita, o que resultava em pesadelos impressionantes para o perseguido, em choques psíquicos que lhe perturbavam o funcionamento do sistema nervoso e até o sistema de digestão alimentar. Porque entendesse que Alípio se deveria conservar fiel à memória da esposa, intrometia-se na sua vida sentimental... o que resultava, para o sedutor, multiplicar as próprias conquistas amorosas, tão facilmente como das mesmas desfazer-se, redundando sempre, em torno deste, vibrações odiosas e deletérias dos corações ludibriados. Ao prazer sentimental seguia-se, porém, o prazer do jogo, paixão conturbadora, excitante, que infelicita, na Terra e no Além, aquele que se permite desfrutá-la, pois o infeliz obsidiado, embora não se apresentando declaradamente perturbado das faculdades de raciocinar, mostrava-se inquieto e desgostoso, em busca de algo ignorado, o íntimo remorso de tantos desatinos picando-lhe açodadamente a consciência e o coração. E seguiam-se viagens sempre mais extensas, recordando as efetivadas outrora, em Vila Rica, dado que seu acompanhante invisível ainda se prendia às recordações do passado... e durante as quais quantias vultosas eram despendidas à procura de algo indefinível, cuja ausência o desorientava, descuidado de procurar compreender que o que lhe faltava era exatamente o recurso único que o salvaria do abismo em que se deixava precipitar, isto é, o amor e o respeito a Deus, o recurso da prece humilde que carrearia socorro certo, predispondo-o ao intercâmbio mental com as forças defensoras do Bem.

Assim, afeito ao endurecimento secular dos próprios sentimentos, Alípio nada tentou que o auxiliasse a se desvencilhar do perseguidor invisível e ignorado. Até que, em uma das constantes viagens que empreendia,

Dramas da obsessão

inquieto e insubmisso como soem ser as pessoas fortemente atingidas por um assédio obsessor, a trocar, de vez em quando, de pouso, de um para outro carro, com o comboio em movimento, o desgraçado Alípio, falseando a passada entre os galeios dos dois carros, sem ponto de apoio para se reequilibrar, deixa-se cair entre os mesmos, sendo *dolorosamente esquartejado* pelas rodas do terrível trem de ferro em movimento rápido. Caetano, odioso, em um violento impulso psíquico, impelira-o à queda...[38]

Oh! que assombrosos, impressionantes laços mentais-magnéticos inferiores atariam tão poderosamente essas duas almas submersas nas sombras de si mesmas, em uma conjugação macabra de afinidades perniciosas?

Os pavorosos laços do crime! As terríveis afinidades originárias da prática do mal em comum, laços e afinidades que somente uma renovação pessoal à luz redentora do Evangelho cristão, bem sentido e praticado, poderá corrigir e modificar, para os eventos do progresso e do bem legítimo.

Informado pela própria Angelita do trágico e inesperado fim corporal terreno daquele que tão caro fora ao seu coração; que tão desumanamente se conduzira pelos dias dramáticos da sua enfermidade, mas a quem ela mesma soubera perdoar com tanto desprendimento e grandeza de alma, parti em busca do infeliz Espírito, arregimentando companheiros e assistentes para a melindrosa intervenção, antes que Caetano e demais bandoleiros do Invisível o aprisionassem em suas hostes.

Não caberá nestas páginas uma narrativa a respeito do lamentável acontecimento. Direi apenas, finalizando a tese, que muito penosamente o Espírito Alípio, atordoado e dolorosamente traumatizado pelo gênero de desprendimento físico-carnal, readquiriu a lucidez espiritual para se movimentar em tentativas de recuperações consciencias. Adotei-o, penalizado, sob meus cuidados espirituais, aconchegando-o ao carinho dos

---

[38] N.E.: Os antigos carros dos trens de ferro, para passageiros, não eram ligados entre si, como os carros modernos, e sim apenas por frágeis engates, o que oferecia constantes ameaças aos passageiros. Eram frequentes os desastres pessoais daí consequentes.

meus benévolos companheiros de trabalho, e assim libertando-o das garras de Caetano. Por ele velei sob a proteção das Leis de Fraternidade, que me permitiam o serviço, notando-o apavorado ante os acontecimentos, disposto a se submeter, futuramente, aos deveres desprezados durante o estado de encarnação. Angelita secundou-me os esforços, coração amorável que se desdobrou em dedicações incansáveis a favor daquele que durante onze anos a humilhara e moralmente a martirizara em um leito de dores! E certa vez, enquanto cuidávamos de aliviar as impressões do dolorido Alípio, que se convulsionava em pesadelos conscienciais, murmurei em surdina para a minha amável assistente do momento – a mesma Angelita –, pupila da lirial falange de Antônio de Pádua:

— Oh! quão severa e temível é a lei que rege os destinos da Criação! Ele, Alípio, desencarnou esquartejado sob as rodas de um trem de ferro, vítima do impulso obsessor da mesma entidade a quem, em Vila Rica, durante existência mais antiga, ordenara que assassinasse um pobre recém-nascido, seu próprio filho! Misericordioso Deus! Os homens terrenos precisam ser avisados destas impressionantes verdades, a fim de que melhor se conduzam durante as obrigatórias travessias das existências.

A formosa Angelita revelou uma expressão de amargura, e, voltando seu pensamento para os dias vividos no pretérito, comentou em segredo, só para mim, atemorizada e aflita:

— Meu venerando amigo! Estou certa de que a expiação sofrida pelo meu Alípio, com a ignominiosa desencarnação que houve de enfrentar, não se prendeu tão somente ao caso do pobre recém-nascido de Vila Rica.

E porque eu a fitasse preocupado:

— Sabei, querido amigo, que ele, sob a forma carnal do cidadão português Fernando Guimarães, residente em Vila Rica, mais não foi que um espião da Metrópole portuguesa em Minas Gerais, disfarçado em caçador de riquezas, exatamente como o meu esposo de então... local aquele, Minas Gerais, em que também existiam os maiores valores intelectuais brasileiros, temidos pelos governantes de Portugal. Foi um politiqueiro astuto e dissimulado... que muito e muito se comprometeu nas odiosas tramas que resultaram na desgraça de muitas personalidades nativas e no enforcamento e sequente esquartejamento do alferes Joaquim José da Silva Xavier, o Tiradentes!

Quedei-me absorto e quase aterrorizado, pensando na profundidade, na complexidade das Leis da Criação, isto é, da Lei de Causa e Efeito, enquanto a pupila de Antônio chorou de mansinho. Penoso mal-estar invadiu meu coração, afligindo-o. Socorri-me, no entanto, do amparo de veemente prece ao Senhor de todas as coisas, que, em sua soberana bondade, concedeu após, ao meu coração, serenidade bastante para o prosseguimento da tarefa que me impusera.

Quanto a Caetano, certo de que mais um grande crime acabara de praticar, manteve-se desaparecido entre as trevas do mal durante algum tempo ainda. Todavia, as preces de Angelita – o coração que dele se apiedara em Vila Rica e que, depois, o amara ternamente, durante o período de espera para o seu nascimento, como filho do seu consórcio com Alípio – acabaram por tocar-lhe o coração mais uma vez... e, presentemente, reencarnado na Terra, entra em fase de reparações e reeducação para o expurgo da consciência enlutada, ao lado de Alípio, também já reencarnado, e do qual é irmão mais novo.

* * *

Leitor! Ama e respeita a Doutrina do Consolador prometido por Jesus! Zela, prudentemente, pela Revelação, que ela te concede, das verdades eternas! Difunde-a com clareza e dedicação, porque somente ela, com os ensinamentos das leis que dirigem os destinos humanos, corrigirá tais desarmonias existentes no seio das sociedades terrenas.

DRAMAS DA OBSESSÃO				
EDIÇÃO	IMPRESSÃO	ANO	TIRAGEM	FORMATO
1	1	1964	10.112	13x18
2	1	1969	4.981	13x18
3	1	1976	10.200	13x18
4	1	1981	10.200	13x18
5	1	1984	10.200	13x18
6	1	1987	20.000	13x18
7	1	1991	10.000	13x18
8	1	1994	20.000	13x18
9	1	2001	3.000	13x18
10	1	2004	2.000	14x21
10	2	2005	1.500	14x21
10	3	2006	2.000	14x21
10	4	2008	1.000	14x21
10	5	2008	2.000	14x21
10	6	2009	1.500	14x21
10	7	2010	3.000	14x21
10	8	2012	500	14x21
11	1	2012	2.000	16x23
11	2	2013	3.000	16x23
11	3	2014	3.000	16x23
11	4	2017	2.200	16x23
11	5	2018	1.000	16x23
11	6	2019	1.000	16x23
11	7	2020	1.000	16x23
11	IPT*	2022	200	15,5x23
11	IPT	2022	350	15,5x23
11	10	2023	1.000	15,5x23
11	IPT	2024	400	15,5x23
11	12	2024	600	15,5x23

*Impressão pequenas tiragens

O QUE É ESPIRITISMO?

O Espiritismo é um conjunto de princípios e leis revelados por Espíritos Superiores ao educador francês Allan Kardec, que compilou o material em cinco obras que ficariam conhecidas posteriormente como a Codificação: *O livro dos espíritos, O livro dos médiuns, O evangelho segundo o espiritismo, O céu e o inferno* e *A gênese*.

Como uma nova ciência, o Espiritismo veio apresentar à Humanidade, com provas indiscutíveis, a existência e a natureza do Mundo Espiritual, além de suas relações com o mundo físico. A partir dessas evidências, o Mundo Espiritual deixa de ser algo sobrenatural e passa a ser considerado como inesgotável força da Natureza, fonte viva de inúmeros fenômenos até hoje incompreendidos e, por esse motivo, são tidos como fantasiosos e extraordinários.

Jesus Cristo ressaltou a relação entre homem e Espírito por várias vezes durante sua jornada na Terra, e talvez alguns de seus ensinamentos pareçam incompreensíveis ou sejam erroneamente interpretados por não se perceber essa associação. O Espiritismo surge então como uma chave, que esclarece e explica as palavras do Mestre.

A Doutrina Espírita revela novos e profundos conceitos sobre Deus, o Universo, a Humanidade, os Espíritos e as leis que regem a vida. Ela merece ser estudada, analisada e praticada todos os dias de nossa existência, pois o seu valioso conteúdo servirá de grande impulso à nossa evolução.

O EVANGELHO NO LAR

Quando o ensinamento do Mestre vibra entre quatro paredes de um templo doméstico, os pequeninos sacrifícios tecem a felicidade comum.[1]

Quando entendemos a importância do estudo do Evangelho de Jesus, como diretriz ao aprimoramento moral, compreendemos que o primeiro local para esse estudo e vivência de seus ensinos é o próprio lar.

É no reduto doméstico, assim como fazia Jesus, no lar que o acolhia, a casa de Pedro, que as primeiras lições do Evangelho devem ser lidas, sentidas e vivenciadas.

O espírita compreende que sua missão no mundo principia no reduto doméstico, em sua casa, por meio do estudo do Evangelho de Jesus no Lar.

Então, como fazer?

Converse com todos que residem com você sobre a importância desse estudo, para que, em família, possam compreender melhor os ensinamentos cristãos, a partir de um momento de união fraterna, que se desenvolverá de maneira harmônica e respeitosa. Explique que as reflexões conjuntas acerca do Evangelho permitirão manter o ambiente da casa espiritualmente saneado, por meio de sentimentos e pensamentos elevados, favorecendo a presença e a influência de Mensageiros do Bem; explique, também, que esse momento facilitará, em sua residência, a recepção do amparo espiritual, já que auxilia na manutenção de elevado padrão vibratório no ambiente e em cada um que ali vive.

Convide sua família, quem mora com você, para participar. Se mora sozinho, defina para você esse momento precioso de estudo e reflexões. Lembre-se de que, espiritualmente, sempre estamos acompanhados.

Escolha, na semana, um dia e horário em que todos possam estar presentes.

O tempo médio para a realização do Evangelho no Lar costuma ser de trinta minutos.

---

[1] XAVIER, Francisco Cândido. Luz no lar. Por Espíritos diversos. 12. ed., 7. imp. Brasília: FEB, 2018. Cap. 1.

As crianças são bem-vindas e, se houver visitantes em casa, eles também podem ser convidados a participar. Se não forem espíritas, apenas explique a eles a finalidade e importância daquele momento.

O seguinte roteiro pode ser utilizado como sugestão:

1. Preparação: Leitura de mensagem breve, sem comentários;
2. Início: Prece simples e espontânea;
3. Leitura: O evangelho segundo o espiritismo (um ou dois itens, por estudo, desde o prefácio);
4. Comentários: breves, com a participação dos presentes, evidenciando o ensino moral aplicado às situações do dia a dia;
5. Vibrações: pela fraternidade, paz e pelo equilíbrio entre os povos; pelos governantes; pela vivência do Evangelho de Jesus em todos os lares; pelo próprio lar...
6. Pedidos: por amigos, parentes, pessoas que estão necessitando de ajuda...
7. Encerramento: prece simples, sincera, agradecendo a Deus, a Jesus, aos amigos espirituais.

As seguintes obras podem ser utilizadas nesse momento tão especial:

- O evangelho segundo o espiritismo, como obra básica;
- Caminho, verdade e vida; Pão nosso; Vinha de luz; Fonte viva; Agenda cristã.

Esse momento no lar não se trata de reunião mediúnica e, portanto, qualquer ideia advinda pela via da intuição deve permanecer como comentário geral, a ser dito de maneira simples, no momento oportuno.

No estudo do Evangelho de Jesus no Lar, a fé e a perseverança são diretrizes ao aprimoramento moral de todos os envolvidos.

FEB editora
Livro espírita para um novo mundo
www.febeditora.com.br
@febeditoraoficial
@febeditora

Conselho Editorial:
Carlos Roberto Campetti
Cirne Ferreira de Araújo
Evandro Noleto Bezerra
Geraldo Campetti Sobrinho – Coord. Editorial
Jorge Godinho Barreto Nery – Presidente
Maria de Lourdes Pereira de Oliveira
Miriam Lúcia Herrera Masotti Dusi

Produção Editorial:
Elizabete de Jesus Moreira

Revisão:
Neryanne Paiva

Capa e Projeto Gráfico:
Ingrid Saori Furuta

Diagramação:
Fernanda Falleiros Wirth Chaibub

Foto de Capa:
Bim/istockphoto.com

Normalização Técnica:
Biblioteca de Obras Raras e Documentos Patrimoniais do Livro

Esta edição foi impressa pela Gráfica e Editora Qualytá Ltda., Brasília, DF, com tiragem de 600 exemplares, todos em formato fechado de 155x230 mm e com mancha de 116,4x180 mm. Os papéis utilizados foram Off white bulk 58 g/m² para o miolo e o Cartão 250 g/m² para a capa. O texto principal foi composto em fonte Minion Pro 11,5/15,2 e os títulos em Filosofia Grand Caps 24/25. Impresso no Brasil. *Presita en Brazilo.*